王朝秘境

发现之旅栏目组 编著

上海科学技术文献出版社
Shanghai Scientific and Technological Literature Press

图书在版编目（CIP）数据

王朝秘境 / 发现之旅栏目组编著． —上海：上海科学技术文献出版社，2020 (2021.8重印)
（考古发现之旅）
ISBN 978-7-5439-8014-3

Ⅰ．① 王… Ⅱ．① 发… Ⅲ．① 中国历史—通俗读物 Ⅳ．① K209

中国版本图书馆 CIP 数据核字 (2019) 第 288849 号

策划编辑：张　树
责任编辑：杨怡君　曹　惠
封面设计：合育文化

王朝秘境
WANGCHAO MIJING
发现之旅栏目组　编著
出版发行：上海科学技术文献出版社
地　　址：上海市长乐路 746 号
邮政编码：200040
经　　销：全国新华书店
印　　刷：常熟市文化印刷有限公司
开　　本：720×1000　1/16
印　　张：12.25
字　　数：174 000
版　　次：2021 年 8 月第 2 次印刷
书　　号：ISBN 978-7-5439-8014-3
定　　价：50.00 元
http://www.sstlp.com

目 录

1899年夏末秋初之际，时任国子监祭酒的王懿荣通过古董商发现了一种奇怪的龟甲骨片，出人意料的是，这些骨片上刻有许多细腻的图案。

尘封的王朝

王懿荣是当时一流的古文字学家。初看之下，他认为，这是一种消逝已久的古老文字。

在此之前，人们对中国历史的认识只能局限在公元前841年。这一年，中国开始有史官所记录的明确历史。但是如今，在龟甲之上的图案，竟似比已知的中国最古老的文字还要古老。那么，它们的身上，是否记录了中国更为古老的历史呢？

▲安阳殷墟出土的刻辞甲骨，卜骨（左）卜甲（右）

时间进入20世纪，一位名叫罗振玉的学者对甲骨文产生了浓厚兴趣。

他认为，要想破解甲骨文，首先要找到甲骨的出土地。经过千辛万苦的努力，他找了当年第一个把甲骨卖给王懿荣的古董商，从而得

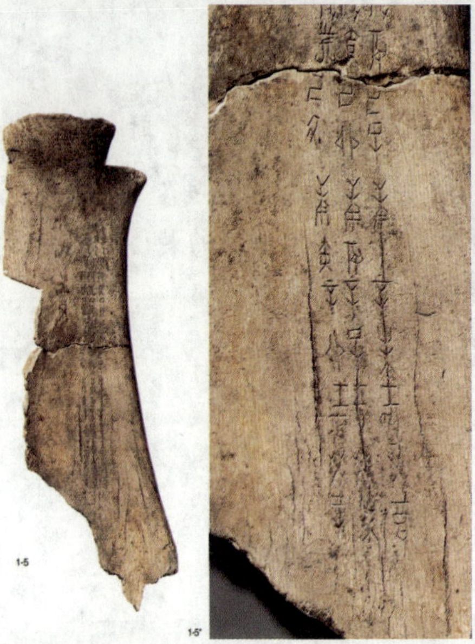

▲ 商朝刻干支表牛骨。长 22.5 厘米，宽 6.6 厘米，河南省安阳市殷墟出土。

知了甲骨的出土地。

公元前 1 世纪，中国产生了第一部通史，在书中，作者司马迁写道："有一位商王叫作盘庚，他为了去奢从简，整顿国风而迁都到了一个叫作殷的地方。此后，直到商王朝灭亡，一共 773 年，历任商王再也没有离开过殷。"

司马迁（公元前 145—约前 87），西汉史学家、文学家。公元前 108 年，继承其父司马谈之职，任太史令。因上疏为李陵辩护。触怒汉武帝。获罪下狱、受腐刑。出狱后任中书令，写成《史记》，是中国最早的一部纪传体通史，被鲁迅称誉为"史家之绝唱，无韵之离骚"。

400 年后，到了 3 世纪时，人们从古墓中发现了一些竹简，这些竹简被后人称为《古本竹书纪年》，它比《史记》成书的时间还要早 200 年。《古本竹书纪年》中说，商王朝自盘庚迁殷后，又过 273 年而亡。两相对照，《史记》中的记录整整多了 500 年。

279 年或 281 年，汲郡人盗挖战国魏襄王墓冢时发现竹书数十车，称《汲冢书》。经整理，有《竹书纪年》12 篇，叙述夏、商、西周、春秋时晋国和战国时魏国史事，与传统记载不同，可校正《史记》所载战国史事之失。

那么，《古本竹书纪年》与《史记》到底谁对谁错呢？

一、神秘的文字难住了金文学家

司马迁描述的商王朝曾经存在吗？2000 年的时光里，对于本民族的历史，中国人从来没有怀疑过。但是，19世纪晚期，一位叫作摩尔根的美国学者却提出疑义。他在其《古代社会》一书中，断言中国文明只能上溯到公元前七八世纪。因为直到公元前841年，中国才有史官所记录的明确历史。摩尔根的论点在西方世界得到了大多数学者的认同。

路易斯·亨利·摩尔根（Lewis Henry Morgan，1818—1881），美国著名民族学家、原始社会历史学家。1877年根据自己40年的研究、观察和搜集材料，写出了他的主要著作《古代社会》，是对文明的起源和进化所做的最早的、最完整的科学论述。

没有文字的记载，中国在公元前8世纪以前的历史就变得模糊不清，真伪难辨。到底，司马迁与摩尔根谁对谁错呢？

商王朝，是曾经存在而又消失的玛雅王朝，还是神话传说中的亚特兰蒂斯？

几百年来，中国的中药铺中一直流行着一味奇怪的药。它们是年代久远的古脊椎动物化石，把这些化石磨制成粉末，可以用作惊悸、癫痫等病的药引子。据说，这种药效果极佳，求之不易，于是，中医便为这味珍贵的良药起了个名字——“龙骨”。

亚特兰蒂斯： 又称大西洋之岛、大西国、大西洲。传说中亚特兰蒂斯拥有高度发达的史前文明。最早见于古希腊哲学家柏拉图的著作《对话录》，称其在公元前12000—前9600年左右被一场超强自然灾难毁灭，其残骸随陆地一起沉入海底。

1899年夏末，正是一叶落而知秋之将至的季节。通州至京城的驿道上，出现了一位行色匆匆的旅人，他叫范潍卿，是山东省潍坊市的古董商人。范潍卿从事古董生意多年，练就一双辨识真伪的眼睛，加之性格圆滑豪放，于此行中已经小有名气。

天色将暮，在城门即落之时，范潍卿方才入京。他不顾旅程劳累，径直赶往东城锡拉胡同一座深宅大院。

此院的主人非比寻常，他是清朝的一位显贵，官拜国子监祭酒；他也是享誉当世的古文字学家，金文鉴定的第一号人物，他叫王懿荣。王懿荣已经等候范潍卿多时，听说客人已到，不由喜出望外。这一次，范潍卿由山东千

金文：指铸刻在殷周青铜器上的铭文，也叫钟鼎文。“钟鼎”是青铜器的代名词，故名。甲骨文随着殷亡而消逝，金文兴起，成为周朝书体的主流。金文应用的年代，上自商朝的早期，下至秦灭六国，前后延续大约1200年。据容庚《金文编》记载，金文共计3722个，其中可识别的有2420个。是研究西周、春秋、战国文字的主要资料，也是研究先秦历史的最珍贵的资料。

国子监祭酒：清朝中央政府官职之一，为从四品，隶属于清朝最高学府国子监，主要任务是掌大学之法与教学考试。他的上司为监事大臣，辖下有监丞等辅佐官职。清朝灭亡后该官职即被废除。

里奔赴京城，为的是给王懿荣送一件不同寻常的东西。

国子监是元、明、清三朝的最高学府，也是当时朝廷掌管国学政令的最高官署。沿袭“左庙右学”的传统建筑制度，位于孔庙西侧。国子监的教学科目是：礼、乐、律、射、御、书、数等。国子监祭酒就是这个机构的最高主管者。

范潍卿小心翼翼地打开包袱，轻轻地取出放在桌上。出人意料的是，他严密保管的，原来是一些龟的骨壳与牛的肩胛骨片。王懿荣看罢大为失望。就在此时，他随手取过一片放在烛光下，透过微弱的火光，王懿荣分明看到，这看似不起眼的骨片之上，竟有许多细密刻画的奇异图案。

借着烛光细看，这些图案很有组织地排列在一起，每个小图形又自成系统。范潍卿入古董行多年，见过无数奇珍异宝，然而他却说不出这到底是什么东西，所以，他来请教王懿荣。王懿荣是当世一流的金文学家，有着深厚的文字功底，也许能够找到答案。

王懿荣（1845—1900），清末金石学家。曾任国子监祭酒，是最早认识甲骨文的人，也是第一个收藏甲骨卜辞的学者。1900年八国联军攻入北京，王懿荣壮烈殉国。他死后，收藏的甲骨卜辞多数转到刘鹗手中，著录于《铁云藏龟》一书。

时间一分一秒地过去，王懿荣把这些骨片翻来覆去看了很久，出人意料的是，他也看不懂图案的含义。这些图形好像存在着魔力，看久了，竟似每个小图形都有生命一般。王懿荣越看越惊讶，完全被这些奇怪的图案吸引了。有着深厚古文字功底的王懿荣认为，这些图案应该是一种从来没有见过的

▲ 王懿荣像

文字。

范濰卿告诉王懿荣，这些奇怪的龟甲片出自中药铺，药铺正在把这些龟甲当作一味叫作“龙骨”的药材出售。这是一个很有意思的消息，龙骨都是埋葬几千年甚至上万年之久的古脊椎动物化石，可是，这些年代久远的动物骨头上，为什么会有奇怪的图案呢？这些图案是大自然的玩笑，抑或另有不为人知的原因？

此时，必须要回过头来审视中国的文字史。到目前为止，中国已知的最古老的文字记录在青铜器上，这些文字存在于公元前1000年左右的时间里。因为文字的载体是青铜器，所以后人称这种文字为金文，意指流传于金属器物上的文字。

在今天中国的博物馆中，这些带文字的青铜器作为国宝展示给喜爱历史的人们，我们仍能从中读出古人对青铜器的崇敬之情，以及铸造者强烈的自豪感。金文的出现，大约在3000年前，再向前，历史便没有了文字的踪迹。

面对这些奇怪的龟骨，王懿荣陷入了深思，这些看上去整齐优美的图案实在太像一种自成体系的文字，这种文字必然还与今日流传的中国字有某种联系。可以看到，有一些象形文字与今天的中国字几乎一模一样。这些字的识别不需要古文造诣深厚的大师，就是刚刚学会认字的孩子也能识得。令人不解的是，除了简单的文字外，这些骨片上还有一些造型取自生活的图画。

象形文字：来自图画文字，是一种最原始的造字方法。大约5000年前，古埃及人发明了象形文字。埃及的象形文字、苏美尔文、古印度文以及中国的甲骨文、金文都属于象形文字。中国纳西族所采用的东巴文和水族的水书，是现存世上唯一仍在使用的象形文字系统。

但是，即便是王懿荣这样数一数二的古文字专家，也只能认出其中的寥寥几个。难道说，这些龟甲上是已经失传的古老文字？如果它们是古文字，那么为什么没有被流传下来呢？王懿荣无法回答这些问题，但是怀着对古老文明无比景仰的心情，他决定对这些神秘的骨片进行深入的研究。

二、比象形文字前进了一步

底格里斯和幼发拉底两河流域古代文明，是人类历史上最古老的文明之一。古希腊人把两河流域叫作“美索不达米亚”，意思是“两河之间的地方”。

人类最古老的文字都是象形文字，不论是地处亚欧的美索不达米亚、非洲的古埃及王国还是亚洲的古波斯王朝，所有的文字都是以图画开始为发展的第一步。这一演变并不会受到地域的限制。

在公元前1450年古埃及图特摩斯一世统治时期的历书上，记录着：当天狼星在地平线上升起的那天，即夏季第三个月的28日，便是一年一度祭神日的开始。虽然含义晦涩，但是图案相当直观。

青铜器上的金文比这种古埃及的象形文字前进了一大步，其中已经有会意、转注、形声等许多新的功能，看上去已经不像直观的白描绘画了。中国的学者认为，金文是一种非常成熟的文字，在它出现以前，文字必然经历过一个漫长的演化阶段。

自中国历史上第一位传说中的国王黄帝开始，古代的史学家们从不否认上古三朝的存在。直到1899年，人们依然称出土的青铜器为三代铭器。但是，在当时，人们无法区分青铜器的具体年代，在混沌的夏、商、周朝历史中，青铜器并不能成为划分时代的领航标。

令人惊奇的是，如今，一些刻有奇怪图案的龟甲片现身于世间，它们身上所刻画的，会不会是早期原始的中国文字呢？如果能够验明这一推论，中国有文字的历史必然得以改写。而文字，是证明一个王朝存在的最佳依据。

处于19世纪最后一年的王懿荣并不知道西方世界科学考古的严谨视点，但是，那个传说中的古王朝，却像磁石一般吸引着王懿荣的好奇心。

三、朝歌进入金文学家的视野

1899年下半年，北京城的古玩界传出消息，国子监的王大人高价收购带字的甲骨，他按字付费，一个字一两银子，绝无食言。在高价的诱惑下，古董商纷纷以自己的渠道大量收入甲骨，再以一字一两银子的高价转卖给王懿荣。就这样，不到1年的时间里，王懿荣共收购有字甲骨1500多片。

可是，在收购甲骨的过程中有一个越来越突出的疑问，这些甲骨来自哪里呢？学者们能不能绕过古董商，直接从它的出土地进行收购呢？然而，除了古董商人以外，没有一个人知道甲骨的产地。在古董商介入后，所有的渠道都成为一级机密，为了谋利，他们切断了甲骨来源的一切信息。

中国人喜爱收集古董，北京的琉璃厂，至今依然是人们品评购买古董的胜地。

琉璃厂，位于今北京和平门外全长约800米的地段，得名于元朝烧制琉璃瓦的官窑工厂。清初，各地会馆在此附近集中，书商设摊、建室、出售藏书。后以文化街著称，因博古斋、荣宝斋、一得阁等著名文化老店而享有盛名。

中国的古董业在唐宋时期就盛行于世，宋朝的皇帝宋徽宗，仅古代青铜器就收藏了1万余件，可见其对古董的喜爱程度。而古董的伪造之风更于明清两朝达到顶峰。20世纪末，美国普林斯顿大学博物馆采用先进的全息照相技术研究青铜器，才发现所收藏的青铜爵有两条补合的断腿，以及古董商用蜡和铜重新修补过的礼器，其仿制的精巧程度，几近于以假乱真的地步。

那么，甲骨上的文字会不会是一场设计极为高明的文化骗局呢？古董商自行设计了一种古老的文字，把这些文字刻印在早已成为化石的龙骨之上，然后利用人们的猎奇心理赚取暴利。如果它们真的是古董商人的骗局，设局者必然要有深厚的古文字功底，近乎天才的想象力。这一次欺

宋徽宗，赵佶（1082—1139）：北宋皇帝。政治昏庸，重用蔡京等奸臣主政。搜刮奇花异石，称“花石纲”。信奉道教，自称“教主道君皇帝”。后爆发方腊、宋江等领导的民变。艺术才能颇高，书法称“瘦金体”，传世画作有《芙蓉锦鸡》《池塘晚秋》等，并能诗词。

骗将会成为中国历史上最大胆最疯狂的古董欺诈案。

毕竟，这些甲骨的出现太过离奇，它们的确真实存在吗？从它们的身上能够还原一个传说王朝的历史吗？人们将信将疑之际，不由想到解开这个疑团的最好证据，直接寻找甲骨的出土地。

在王懿荣百般讯问下，古董商才闪烁其词地说出发现甲骨之处，有人说在河南省的汤阴，也有人说在河南省的朝歌。

朝歌，就是河南省的淇县，在今天，淇县只是河南省一个并不起眼的县城。但是，在上古传说中，它是一个重要的城市。

司马迁在史书中记载道，公元前 1000 年前，中国被一个叫作商的王朝统治。在各种后世的著作中，对商王国也有一鳞半爪的描述，这些描述足以让今人吃惊。

那是距今 3000 多年前的事，商王统治着庞大的地域，有上千个属国向商王进贡：他的宫殿中驯养着无数珍禽异兽，最珍贵的是人工驯养的大象；每夜都有舞会，为了款待贵族，他在宫廷内修筑了灌满美酒的池塘，在树上挂满用来烧烤的野兽的鲜肉；国王信奉鬼神，凡遇大事必要占卜求助于祖先；为了表示对祖先的感激之情，一次会杀掉上百个奴隶祭祀。

对于这个传说中的古王朝，没有人能够给出真实的答案，但是司马迁在史书中记载道，这个王朝的最后一任国王纣死于朝歌。朝歌，正是古董商们手中甲骨的出土地。

1899 年，大多数人们根本不关心商王朝的存在。从科学的角度来看，它尚未被证实是一个实际存在的王朝，人们还从未发现过商朝的文字。没有文字作为信史，所有关于商王朝的一切只能视其为传说。如今，甲骨之上的图案却为人们带来了一种新的希望，它很有可能是比金文古老的文字，形成的时间非常接近商王朝存在的历史岁月。最为重要的是，古董商说，这些甲骨自

信史时代：有文字或出土文物记载着的时代，称为信史时代。与它相反的，就是传疑时代或是传说时代。从信史时代开始，以世纪为叙述单元，一个世纪又划分为十个年代，每一年代包括十年。以前普遍认为我国的信史时代由商朝开始，直到三星堆文明的发现将我国的信史提前了 1000 多年。

朝歌出土，而朝歌正是传说中商朝后期的都城。

史书中说，正是这里，曾经目睹了这个邪恶王朝的覆灭。

那么，甲骨会与商王朝有某种奇特的联系吗？这些酷似文字的图案能够用来解读一个失落王朝的存在吗？

我们可以把视点落到另一个文明古国埃及的身上，大约在5000年以前，古埃及人发明了象形文字，这种字写起来既慢又很难看懂，因此大约到3400年前，这种象形文字被另一种新发明的字母文字所代替。随着时光的流逝，最终连埃及人自己也忘记了如何破译这种早期的象形文字，直到18世纪末拿破仑大军入侵埃及，随军的法国古文字学家保罗·商博良发掘出一块石碑，埃及的古老历史才又一次重现天日。正是因为有这种古老文字的记载，埃及人5000多年的文明才得以保存流传下来。

吉恩·保罗·商博良：法国埃及学家和语言学家。通晓希腊文、拉丁文，并研究多种东方语言。1822年依据罗塞塔碑译解埃及象形文字成功，从而奠定了埃及学的基础。后主持卢佛尔博物馆埃及部。著有《古埃及语语法》《古埃及语字典》等。

19世纪就要过去，正当甲骨之上的秘密逐步解开之际，中国发生了一场历史巨变。1900年，爆发了庚子之变。西方列强组成八国联军攻入北京，光绪皇帝与慈禧太后仓皇出逃。身为京城团练大臣的王懿荣见联军破城，大势已去，在家含恨自尽。如果他不是这么早地死去，对于神秘的甲骨，也许能够告诉后人更多。

庚子之变：即八国联军攻陷北京的事变。1900年（庚子年），英、美、法、德、俄、日、意、奥8个帝国主义国家，为了镇压义和团的反帝爱国运动，瓜分中国，借口清政府“排外”，组成侵华联军，于8月14日攻陷北京，大肆烧杀抢掠，践踏中国主权。

四、寻找神秘的出土地

几年后，八国联军撤离北京，中国的政局暂时平稳了下来。王懿荣死后，他的大部分收藏，被一位叫作刘鹗的江苏人买了下来。刘鹗，字铁云，是19世纪晚期一位传奇性人物，他是一位水利专家，曾经主持过黄河的治理工作，他也是著名小说《老残游记》的作者。这部书格调高远，对社会鞭挞入木三分，被后人列为“晚清四大谴责小说”之一。

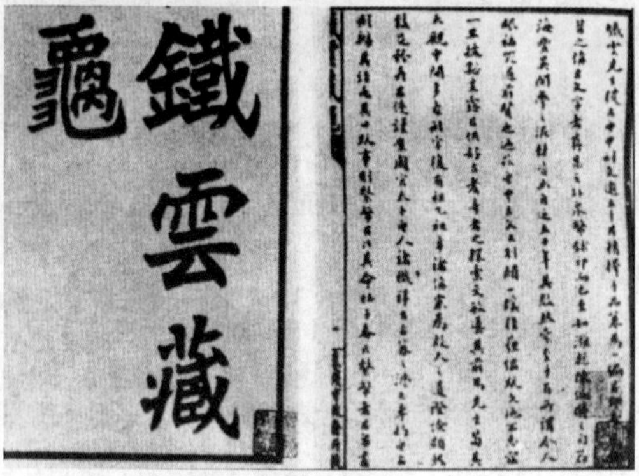

▲《铁云藏龟》，这是关于甲骨的第一本著述

刘鹗把手中所藏甲骨珍品1000多片拓印成书，这是关于甲骨的第一本著述，叫作《铁云藏龟》。此后，甲骨之上有奇异文字的事不胫而走，吸引了无数历史爱好者的目光。

就在此时，关于甲骨的出土地，再次爆出了惊人消息。1906—1908年3年间，有许多甲骨收藏者赶往汤阴与朝歌收购甲骨，但是，无论怎样费尽心机去打探，都是失望而归。这两个地方从未出土过甲骨，而且当地人连甲骨这个名字都从来没有听说过。如此一来，所谓汤阴与朝歌出土甲骨的事，完全是子虚乌有。也就是说，这些甲骨并非来自传说中商朝晚期的都城。

▲ 刘鹗像

20世纪初，信息的流传远不如今天发达，而人们以讹传讹，真相往往更加不知所云。当时，有一位日本学者林泰逋对甲骨产生了极大兴趣。若干年后，他在其研究甲骨的著作中坦然承认，直到1909年，他仍然认为甲骨出于汤阴。

这件事无疑又给甲骨的收藏家以极大打击。是古董商人为了牟利不愿说出甲骨的真相，还是甲骨的发现只是一场设计巧妙的骗局呢？一时间，真相又变得错综复杂起来。

时间到了20世纪，随着时日的演进，甲骨的收藏者还是不断地增加起来，他们给这种神秘未解的文字起名为“甲骨文”。甲骨之上刻有文字，本身就是一件奇怪的事。更何况这些文字字迹古朴，刻画如有魔力。于是，观者无不流连其中。所有研究甲骨文的人都深信，这些甲骨之上，记载了远古世界的秘密。那个世界只剩下传说，它消失于地球上已经超过3000年。

在中国，有一个非常古老的传说。大约在5000年以前，有一位叫作黄帝的国王命令他的史官仓颉创造文字。当仓颉完成工作的那一天，天地飘摇，鬼神泣，因为有了文字，人类从此以后再不用被鬼神所控制。

文字使知识更容易传递与积累，它使人类脱离了愚昧的蛮荒时代。

1900年，正是甲骨的发现者王懿荣投井殉国的那一年。在地球的西端，特洛伊王国的发掘者德国人亨利·谢里曼病故了。谢里曼有着超凡的想象力，以及大胆付诸实施的能力。他凭借一本充满了神话色彩的著作《荷马史诗》找到了3000多年前的特洛伊王国。

有趣的是，此时，在地球的东方，有更多的中国人加入了寻找3000多年前古王朝的队伍，他们的全部证据是一些刻有奇怪图案的龟甲片，这一寻找过程所需要的非凡想象力并不亚于谢里曼的工作，但是这些人却很少为世界所知。

仓颉：黄帝时期的史官，曾把流传于先民中的文字加以搜集、整理，并付诸使用，在汉字创造的过程中起到了重要作用，被后人尊为“造字圣人”。由于仓颉给黄帝提供的史实出了差错，致使黄帝在和炎帝的边境谈判中失利，于是他辞官云游天下，遍访录史记事的办法，最后终于依照万物的形状创造出了文字。

《荷马史诗》：由古希腊盲诗人荷马创作的两部长篇史诗《伊利亚特》和《奥德赛》的统称。作为史料，它再现了古代希腊社会的图景，是研究早期社会的重要史料，为日后希腊人的道德观念（进而为整个西方社会的道德观念）立下了典范，被称为“希腊的圣经”。它也是欧洲古典四大名著里最早的一部。

五、罗振玉的介入

20世纪初，作为开埠的港口，上海已经俨然具备了东方明珠的气质。此时，有两位学者分别在上海定居了下来，他们同是江苏淮安人，一

罗振玉（1866—1940），近代文史学者、书法家、鉴赏家，是最早冀求甲骨文和研究甲骨文的学者。著述有170多种，校刊成书的有《殷墟书契汇编》《流沙坠简》《殷墟书契菁华》《殷墟书契考释》等。首开甲骨文实际应用之先。

位叫作刘鹗，一位叫作罗振玉。

他们两人早年就曾相识，因为情趣相投而成为一对好友。此时异地相处，又比邻而居，关系自然更进一层。

这一夜，刘鹗与罗振玉都有了些酒意，他们几乎评点了家中所有的古董收藏，似乎已经没有什么值得玩味的事了。

刘鹗（1857—1909）：晚清作家，著有《老残游记》。涉猎金石学，与王懿荣关系密切。王死后，收藏的甲骨卜辞部分转让给了他。1903年，刘鹗将收藏的刻辞甲骨拓印了1058片，在罗振玉的帮助下，由抱残守缺斋拓印，出版《铁云藏龟》，是我国第一部甲骨文书籍。

就在此时，刘鹗取出了一些奇怪的东西。初看之下，罗振玉不由大为吃惊，他从来没有想到，世间还有这样奇异的物品。这是一些奇奇怪怪的骨片，看上去年代已经相当久远。令人不解的是，它们中的每一片上都刻有一些造型精美的小图案。

罗振玉是造诣深厚的文字学家，他立刻对这些骨片产生了浓厚兴趣，直觉告诉他，这些小图案的背后一定隐藏了某些深刻的含义。

然而，与当时大多数甲骨收藏家相比，罗振玉的介入来得更为执着。与其他人不同的是，罗振玉并不满足于对甲骨的收藏，他要寻找甲骨的出土地，他认为，只有找寻到甲骨的真正出土地，才能揭开它们身上巨大的秘密。

在多方了解之后，罗振玉遇到了研究甲骨的第一个困难，似乎没有人知道甲骨到底来自何方。古董商总是含糊其词，一会儿说河南，一会儿说山东，于是，甲骨的真相开始扑朔迷离起来。

几年后，罗振玉迁居到了北京。经过八国联军的入侵，京城繁华已逝。但是，这里毕竟还是全国政治经济的中心。罗振玉想，在这个偌大的北京城里，一定会有人知道甲骨出土于何处。可是，如果有，谁又会把这个秘密公布出来呢？不久后，罗振玉探听到一个人，他是1899年第一个把甲骨出售给王懿荣的人，他叫范潍卿。解铃还须系铃人，甲骨到底出于何方他一定会知道。

庚子之乱后，北京城百业萧条，在大乱之后寻找一位古董商人确如海底捞针一般。经过多次寻访，罗振玉终于找到了范潍卿。

在一次会面后，他相信，自己掌握了事实的真相。罗振玉完成了一件几乎不可能的工作，他从古董商口中套出了甲骨的出土地。

没有人知道罗振玉是如何说服范潍卿的。那次会面，给古玩界与考古界留下了无穷猜想。

罗振玉了解到，甲骨根本不是出土于河南省的汤阴与朝歌。那些地点只是古董商人为牟取暴利而设置的障眼法，真正的出土地在距汤阴不远处的安阳市小屯村。

安阳，对于罗振玉来说，是命中注定要找寻的地方。

▲ 出土于河南省安阳市，是商王武丁时期的一块牛胛骨版记事刻辞

早在1906年，罗振玉曾帮助刘鹗出版过一本拓印甲骨的书《铁云藏龟》，书中对甲骨之上的图案进行了大胆推测。他们认为，这是一种失传已久的文字。清末的学者所能知道的最早的文字来自周朝，那么，这些奇怪的图案就应该是比周朝金文还要古老的文字。

消息传出之后，举世哗然，国粹学巨擘章太炎首先对罗振玉发难。章太炎是当时最有名望的国学学者，是学术界里一言九鼎的人物。他的批评并不客气。在其一篇文章《理惑论》里，章太炎说："人死后骸骨入土，从来没有听说过历经千年而不化为灰尘的，龟甲与人骨一样都是速朽之物，莫非它们就是灵物，可以传千年而不腐烂吗？"

章太炎（1869—1936）：近代民主革命家、思想家、学者。1903年因发表《驳康有为论革命书》等文章，获罪入狱。出狱后，在日本加入同盟会。五四运动时转而反对新文化运动，主张尊孔读经。

▲ 王国维（左）与罗振玉（右）合影

章太炎的疑问丝丝入扣，就是罗振玉也不能回答这些问题。一时间，关于甲骨的真相又开始扑朔迷离起来。是不是古董商为了牟利而设计的骗局呢？而刘鹗、罗振玉等人收集甲骨，会不会是假道学赚取声名的欺世行为呢？

六、文字与文明的关系

地球上有 4 个古老的文明，它们分别是两河流域的美索不达米亚；尼罗河下游的古埃及；恒河河畔的古印度；当黄河沿亚洲东部大地顺流而下时，在其下游冲积出肥沃的土地，于是，这里诞生了华夏文明。

但是文明史，应以有文字为标志。文字可以令人信服地记录历史，没有文字的时代，就不能为科学所认证。20 世纪初，中国人还没有找到记录周朝以前的古老文字。此时，中国的历史要远远少于其他 3 个文明古国。

那么，龟甲上刻画的，是商朝的文字吗？它们能够揭示一个传说王朝的存在吗？

《史记》中记载，商朝存在于距今三四千年的时间里。这个时间太过遥远，即便是 2000 多年前的司马迁，对于商朝的描述也极为简单。

书中对商王朝的记载，主要是一个世系表，商的第一位国王叫作大乙，他的儿子叫作大丁，其后传 28 位国王，分别叫外丙、小甲、中丁、祖乙、武丁等。

商王们的名字非常奇怪，所有人名字的后一个字都来自中国最古老的记时历，干支表，他们都叫甲、乙、丙、丁。这些名字乍听之下有些可笑，因为中国人有一种约定俗成的叫法，当泛指一些人的时候，总是称这些人为某甲、某乙。

如今，商王也被称为某甲、某乙。于是，人们不禁会问，这个王朝真的存在吗?

罗振玉是一个热爱历史的人，他自由奔放充满想象力，自始至终坚信甲骨之上刻印着了不起的历史秘密，那是一把可以打开古王朝的钥匙。

1911 年，罗振玉派自己的弟弟罗振常动身前往河南安阳寻找甲骨。此时，安阳成为破解甲骨之谜最重要的一个环节。

七、小屯的情况

1911 年的小屯村，是一个罗振常意想不到的世界，这里早已成为一个充斥着金钱与买卖的地方。

甲骨，是上天赐给小屯的礼物。这里没有人不知道甲骨的事，几乎每家每户都以贩卖甲骨为生，无论是地主还是普通的小户人家，都在自己的家中、田里，四处挖掘着甲骨。

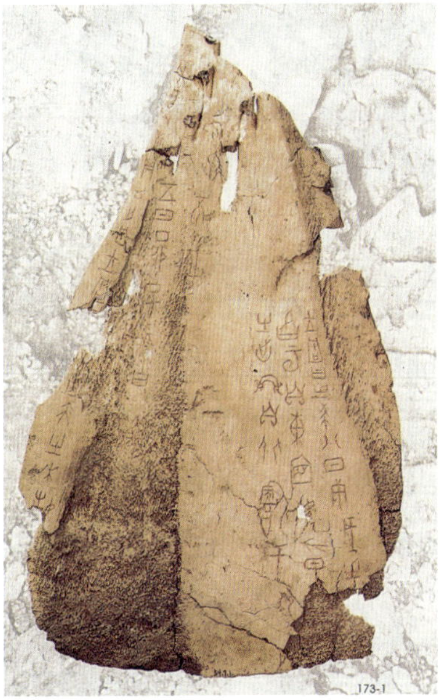
▲“祭祀狩猎”涂朱牛骨刻辞

古董商 10 年的收购行为，已经使这里变成了挖掘与收购、金钱与欺诈的世界。当地的村民，虽然不认识甲骨上的文字，但是已经对这些奇形怪状的图案耳熟能详。凡是挖到奇异的图案，必然以超过行情数倍的价格出售。

罗振常，终于找到了甲骨的出土地。

于是，根据罗振玉的吩咐，罗振常在小屯展开了大规模的收购行动。这一次共计收购大小片甲骨 1 万件之多，罗振玉一下子成为中国收藏甲骨最多的人。但是，罗振玉并不知道，他还不是甲骨最大的收

▲ 明义士像

藏者。

甲骨的第一收藏家是一个外国人，他叫明义士。

1914年，一位加拿大的传教士明义士被派往安阳做牧师。

明义士是一位热爱历史的学者，小屯一带有带字骨片出土的事，立刻引起了他浓厚的兴趣。这一年，他经常独身一人，来往于小屯收购甲骨。

当地人看到有这样一位外国人热心收购甲骨，于是纷纷大量出售。明义士十分重视这些古老的骨片，他把所购的甲骨用棉布包好，仔细地收藏在床下的箱子里。但是，到了第二年夏天，床下的箱子却不断发出阵阵的臭味，打开一看，大多数甲骨已经腐烂变臭了。原来有人为了牟利，用新鲜的牛骨刻了大量的假货卖给他。

明义士（Menzies James Mellon，1885—1957）：原名叫孟席斯·詹姆斯·梅隆。加拿大人，汉学家，以殷墟考古和甲骨文研究著名。1910年到中国河南省北部地区传教。1917年3月，明义士所著《商朝文化——殷墟甲骨》一书出版，收录用骨2369片，是欧美学者出版的第一部甲骨著录书。

新鲜的牛骨一年后就会变臭。那么，甲骨又怎能历经千年而不腐朽呢？莫非章太炎的论点确有道理？还是，古人有什么特殊的加工手段呢？

如今，在河南省的安阳市，甲骨已经成为每一个安阳人心中的骄傲，仿刻甲骨文更成为人们喜闻乐见的艺术形式。安阳师范大学的郭清萍教授正是其中极有特色的一员，他的研究别具心得。

龟骨取材后，需要进行脱脂，否则日久发臭。取一片生龟骨文火慢煮，火不可过，过了骨疏而不能刻字，太小则不能去油脂，此事全在火候之妙。也许古人曾使用过一道脱脂的工序，于是保住甲骨千年不朽。

明义士的遭遇和后人的研究为龟骨千年不腐的疑问提供了一条解决的途径，可惜的是，当年的罗振玉并不知情。

八、着手研究甲骨文

20 世纪的第一个 10 年里，罗振玉开始着手研究甲骨文。与他同行的还有一个人，这个人后来成为中国学术界的一代宗师，他叫王国维。

王国维（1877—1927），近代著名学者。早年从事中国戏曲史和词曲研究，著有《曲录》《宋元戏曲考》《人间词话》等。1913 年起致力于历代古器物、甲骨金文、齐鲁封泥、汉魏碑刻、汉晋简牍、敦煌唐写经、西北地理、殷周秦汉古史和蒙古史等的考释研究。

王国维：我国近现代在文学、美学、史学、哲学、古文字学、考古学等各方面成就卓著的学术巨子，国学大师。作为近代著名学者，王国维从事文史哲学数十载，是近代中国最早运用西方哲学、美学、文学观点和方法剖析评论中国古典文学的开风气者，又是中国史学史上将历史学与考古学相结合的开创者，确立了较系统的近代标准和方法。生平著述 62 种，批校的古籍逾 200 种。

他们要做的第一项工作是认字。但是，这些奇怪的图案真的是一种成为体系的文字吗？

罗振玉与王国维也无从下手，此时，一个看上去极为简单的甲骨文字映入了他们的眼帘。这个字乍看之下毫不起眼，它在今天的中国字中念做“十”。

这是一个出现频率相当高的文字，在很多甲骨片上都有这个字。罗振玉与王国维注意到，在这个字的后面还有另一些频繁出现的文字，它们呈这样的形状出现。

从外形上看，这些字并不复杂，它们很像是中国古老的纪年方式，天干中的文字——乙、丙、丁。如果这几个字是乙、丙、丁，那么作为天干的第一个字“甲”在哪里呢？罗振玉认为，这个看似“十”的文字并不是后来意义上的“十”，它也许就是天干中的“甲”，只是在那时，甲字的写法是没有框的。如果真是这样，把这些字连起来读就是天干的“甲、乙、丙、丁”。

但是，这个设想还要有其他的证据来支持。当他们继续串联甲、乙、丙、丁之后的文字时，罗振玉与王国维突然茅塞顿开。原来，在这甲骨之上的不是别的，正是刻印得十分清清楚楚的古老纪年历——天干表。这 10 个文字，

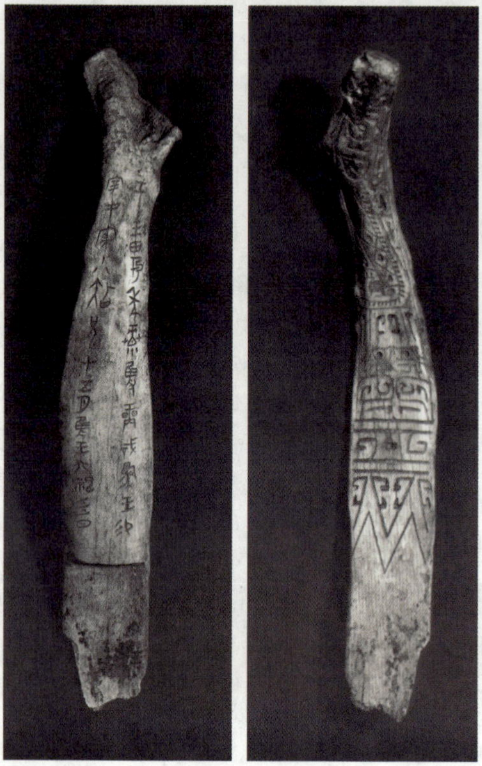

▲“宰丰”骨匕：河南省安阳市出土，犀骨，记载了商王帝辛在一次田猎中将所获犀牛赏赐宰丰之事

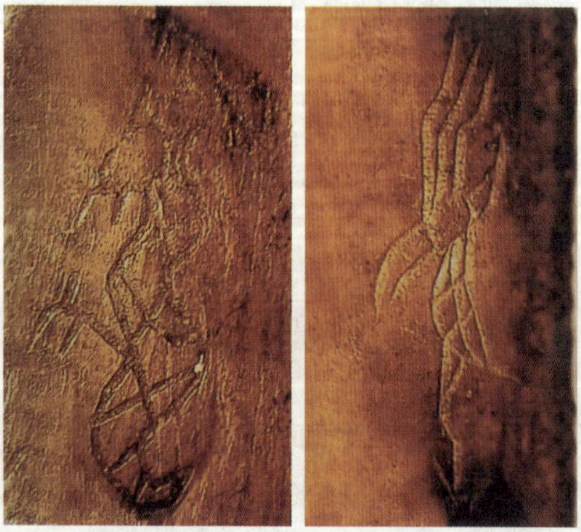

▲甲骨文里的“虎”字（左）与“鸟”字

正是中国人熟悉得不能再熟悉的甲、乙、丙、丁、戊、己、庚、辛、壬、癸。

天干表的发现，成为破解甲骨文的肇端。

甲骨文的确是一种古老的文字，这种文字失传已久，以至于在其后漫长的3000年时光里，人们根本不知道它的存在。

如今，甲骨文跨越时空的隔阂，再一次现身于世人的眼前，它们到底会为人们揭示一些什么样的秘密呢？

不久后，罗振玉与王国维陆续解读出几百个甲骨文字，他们开始通读整句。当他们读到1303句时，两个人突然间恍然大悟，意识到这些甲骨实为历史上最了不起的史料。

他们从这些甲骨中，发现了许多奇怪的名字。这些人名有一个共同点，就是每一个名字的最后一个字都是天干。

这些名字是：大乙、大丁、外丙、祖乙、庚丁、武丁、帝辛。

这些人绝不是平常之人，他

们正是《史记》中司马迁笔下的商王。

原来，《史记》中描述的王朝并非是虚无的，商王们全部以天干为名，真实地生活在3000年前的岁月中。甲骨文，正是3000年前失落的古文字，这些文字反过来也证明了商的存在。

商王朝并非是传说中的亚特兰蒂斯，而是一个曾经存在而又消失的古老王朝。

甲骨文不是作为图书传递知识用的，甲骨文只为商朝的王室服务。甲骨文上的每一句都是占卜师为商王进行占卜的结果，它们是商王与鬼神来往的信件。

商人信奉鬼神，于大小事前都要占卜听从鬼神的意见。占卜者有一个特殊的称谓，他们叫作贞人。

贞人将对神明提出问题：“最近十天会有灾难吗？”占卜者边问边在火上烧灼着龟骨，骨片遇热表面开始出现一道道裂纹，并且发出轻微的卜卜声，这时神明的回声开始出现在龟甲上。贞人仔细辨明了神明的旨意，禀告商王：“会有灾难，可能会有战争的消息。”

3天后，果然从西边传来军情，一个叫土方的部落袭击了商国的两个村落。当这一切结束后，占卜者会将此次占卜的原因与结果记录下来，刻在甲骨之上。

罗振玉与王国维完全被甲骨文中的世界吸引了。

它们，绝不仅仅是商王求神问卜的文字，而是一个伟大王朝的档案。

商的疆域北到辽宁，南到珠江流域，西起陕西，东

▲“古贞般有祸”全行卜甲，为商朝的一块完整卜甲

至大海，是3000多年前地球上最为广阔的国家。甲骨文中有许多象形文字，在这些文字中，人们可以分辨出商朝上百种手工业分工，这些象形文字的身上，记录了那个时代中最普通也最动人的故事。

可是，甲骨为什么会在安阳出土呢？这个地方与3000多年前存在的商王朝有什么样的联系呢？直到此时，这些秘密依然没有真相。

20世纪初，中国学者揭开了举世震惊的考古秘密，寻找到失落已久的王朝。通过对甲骨文的研究，传说中上三朝的第二个王朝商终于成了信史，它使中国有文字的历史又向前提早了1000年。

今天，甲骨文穿越3000年的时光，清晰地摆在世人的眼前，我们似乎还能隐隐听到5000多年前仓颉听过的鬼神哭泣。

100多年间，甲骨文出土15万片，共计150多万字。学者们统计，甲骨文共有单字4500余个，可解读1500多字，至今仍有3000字含义不明。甲骨文，以及它所记述的王朝，还有太多的秘密尚不为人所知。

九、一次意外的发现

1899年一次偶然的发现，使甲骨文重现人间。

人们从甲骨文上，找到了尘封3000年的古王朝，在其后，更进一步找到了商朝晚期的都城殷墟。

然而，商王朝给人们的印象，还是太过虚幻，它只能为我们留下占卜所用的骨片和那些盗掘一空的大墓吗？3000多年前的古人类是怎样生活的，他们像我们一样，充满着爱恨情仇吗？

1936年6月12日，看起来是个倒霉透顶的日子。这一天中午，闷热难当，连知了都懒得鸣叫。此时，在河南省安阳市，一支疲惫不堪的挖掘队正在为一次失败的考古工作进行着扫尾工作。这是对安阳殷墟进行的第13次考古挖掘。

“13”对于西方人来说，不是个吉祥的数字，而这次考古工作也真的很倒霉，很少有什么令人惊喜的发现。看来是到结束工作的时候了，队长郭宝钧决定，考古发掘就在这一天进行扫尾。正当人们按部就班忙碌之时，在一座坑内，有人发出了一声惊叫。

这是一次相当意外的发现，在坑内北面壁上，有一副卷曲的人骨架显露出来！有人小心翼翼地对骨架周围的土层进行了清理，出人意料的是，这副骨架之下，竟然是一大片从未扰动过的甲骨层。全队的人顿时兴奋起来。

不久后，考古人员在距地面6米处挖掘了一个大坑，在坑中间保留的大块土堆中，竟然埋藏了数以万计的甲骨，人们顿时被眼前的发现惊呆了。自安阳考古工作开展以来，这是关于甲骨文最为重大的发现。这些甲骨完整异常，如果按一片甲骨有10个字来平均计算，那么1万多片甲骨之上将有10万多字。它们，会使人们对商朝的认识取得更大的收获吗？

这个编号为YH127的甲骨坑，从被发掘的第一天起就流言纷纷。从尸骨上看，甲骨坑之上的死尸并不是被砍死的，而是被活埋的。但是，他们为什么被埋在这坑甲骨之上呢？在当时，主持安阳考古工作的董作宾有其不同的看法。如果这个死尸真如董作宾的推测，是一个护卫商王档案的贞人，那么，这坑甲骨之中，又埋藏了什么样的秘密呢？

为了安全起见，考古队特别请河南省政府安排了一个“自卫团”昼夜守卫。但是，仍有一些小军阀的密探和武装土匪明目张胆地来到挖掘现场“踩点”，每一夜都有可能发生武装抢劫事件。

正当郭宝钧坐立不安之际，他突然灵光一闪，想到了一个好办法。他立刻组织人定做了一个大木箱，将这个编号为YH127的甲骨坑整个取出，装进箱内。

但是，这个重达6吨的大木箱，要如何才能起运到南京呢？

当时，在安阳的袁世凯墓地旁，还住着一批为袁世凯抬过棺的老工人。有人给郭宝钧出了个主意，既然这批老工人能够为袁世凯抬棺，那么就应该抬得动这坑甲骨。虽然郭宝钧有些将信将疑，他还是把抬棺的64位工人叫到了工地，但是这些人并没有抬动这坑甲骨。

尽管失败了，这坑价值连城的甲骨还是要运走。在迫不得已的情况下，郭宝钧只能组织自己的考古队员一点点地向火车站运。短短 2.5 千米的路程，竟然走了整整两天。

很快，甲骨被送到了研究院，考古学家们开始“室内发掘”，由于数量太多，人们整整工作了半年，才把这坑甲骨整理完毕。这批龟骨总数为 17096 块，其中光整版的龟甲就有 300 块之多。这是殷墟历年考古工作中出土甲骨最多的一次。

人们对这些甲骨寄予厚望，在它们身上，会记载着商王朝更多的秘密吗?

十、妇好是什么样的人

这 1 万多块龟板几乎全部出自商王武丁时期。武丁，是商朝最有作为的君主之一。随着研究工作的不断深入，人们渐渐发现，在武丁一朝中，还有一个挥之不去的人物。她的名字在甲骨文上多次出现，大概有 200 多块甲骨上记载了她的事迹，她叫妇好。

随后，人们开始破解这些甲骨文的秘密，有一条卜辞记载，“妇（帚）好先共人于庞”。它的含义是，在战争前，妇好先在一个叫作庞的地方征兵。

“贞，登妇好三千，登旅万，乎伐。”这条卜辞中说，妇好领了 3000 兵马加入了国王万人的军队，一起去征伐远方的国家。这是甲骨文中最大的一次战争，战斗的一方商帝国动用了上万人的军队。这在 3000 多年前的青铜时期，绝对是一次了不起的壮举。

关于妇好的卜辞发现得越多，人们对她就越感到惊讶。妇好，是国王麾下的一名女将。她不仅能够统兵作战，而且还拥有属于自己的领地。

这个发现令南京的专家惊讶万分，妇女领兵打仗，并且能够成为一方诸侯，这在 3000 年内，是闻所未闻之事。商王朝，到底是一个什么样的朝代?

▲ 妇好墓出土的玉戈

它为什么能够给予妇女如此的权力和信任呢？是商朝推行男女平等的概念，还是妇好并非是一个等闲人物呢？

这个叫妇好的女人立刻引起了人们的兴趣，她到底是一个什么样的人呢？

不久后，人们又发现一个完全不同的妇好。有一些卜辞，显示出这位妇好与国王之间有不同寻常的关系。她怀上了国王的孩子。武丁对未来出生的孩子非常关心，他急切地想知道这个孩子是男是女。

这是妇好的另一个身份，她是国王武丁三位合法妻子之一，是一位尊贵的王后。

武丁：商朝国君，生卒年不详，商朝著名军事统帅。子姓，名昭。商王小乙之子。相传少年时期遵父命行役于外，与平民一同劳作，得以了解民众疾苦和稼穑艰辛。继位后，勤于政事，任用工匠出身的傅说及甘盘、祖己等辅政，励精图治。

然而，令人不解的是，妇好到底是一位武将还是一位王后呢？

在甲骨文中，有一群颇具身份与地位的女人，她们是商王的妃嫔与贵族的配偶，她们的名字都以“妇”字开头。大约有95个被称作妇的女人在甲骨文中出现，她们一同构成了诸妇集团。

于是，有人认为，妇好并不是一个人，大概有许多叫作妇好的人，有的人是武将，有的人是王后。

还有人说，妇好也许是一个官名。

对妇好研究得越深入，人们就越感到惊讶，即便是作为王后的妇好，也开始产生了不同的命运。在《甲骨文合集》第2636版中，人们惊奇地发现，妇好离开了她的国王。

“贞，妇好有娶?”“贞，妇好有娶?”“贞，妇好有娶?”这句卜辞是在反复地询问：“妇好嫁了吗?”卜辞的结论是：“妇好再嫁了，而且嫁给了3位不同的国王。”

这些国王都是武丁的祖先，他们去世已久，在位时都是贤明的君主。这到底是怎么回事?一个女人，怎么可能在几百年的时间内嫁给4位国王呢?

对这一版卜辞的解释，几十年来一直众说纷纭。即使是最权威的甲骨文学者，也无法对此做出定论。由于没有更多的证据支持，人们对妇好的了解只能到此为止。

谁也没有想到，40年后，一次意外的考古工作，却带给人们另一个意想不到的发现。

十一、妇好墓与妇好

1976年，中科院安阳考古队在进行一次例行的土地平整工作，在小屯村西北的一片岗地上，考古队长郑振香与同事们却有了不同寻常的发现，这里有一处修筑得极佳的夯土层。据有经验的老工人观察，这片新发现的夯土，很有可能是一个墓。这可是始料不及的事。

经过几十年的考古工作，人们对殷墟已经有了比较深入的认识，殷墟以洹河为界，北部是王陵区，南部为宫殿区。如今，在洹河南岸的宫殿区，却似乎存在着一个面积不小的墓穴。这，会不会是一次错误的判断呢?

经过连夜的协商，考古队决定，派一个有经验的工作人员在夯土层的正中打一铲子试试看，如果是墓的话就挖掘，如果不是的话就放弃。

当查看取出来的土样时，混杂有木屑、漆皮，更有细心人，从取土里扒出一枚玉佩，这说明地下的确是一座坟墓。

1976年5月17日，对宫殿区墓藏的挖掘工作正式开始。在人们挖掘到地下6.5米的深度时，挖掘工作开始产生阻力，考古人员遇到了地下水。虽然已经到了5月中旬，地下6米多深的水依然冰凉刺骨。为了安全起见，考古队长郑振香决定，每天在9点以后开工，下午4时以前收工，但是水下作业还是寒冷难耐。不得已，考古队员只好在当地买来了特产的老白干，规定下水的人员必须喝酒抗寒。

就这样，挖掘工作一天一天地进行下去。

令考古队大为兴奋的是，这个墓出土的器物可谓源源不断。十几天下来，共出土青铜器468件，仅这一项就超过殷墟历年出土青铜器的总和。其中出土一对大鼎，重量仅次于司母戊方鼎，是目前中国出土的第二大鼎。据此可以得出推论，这个墓一定是一个王族的大墓。

司母戊方鼎：商朝晚期铸品，现藏于中国历史博物馆。1939年于河南省安阳市武官村出土。原器通高133厘米，口长110厘米，口宽78厘米，重832.84千克。此鼎是商朝王室的青铜祭器，器制古朴精美，形体厚重巨大，对研究中国冶铸发展史有着重要的意义。

从出土的玉器来看，的确种类繁多，其中有许多小动物与极富创造力的小玉人，可见墓主人应该是一位温雅高贵的女人。但是，不久后，这个墓中又开始大量地出土兵器，其中一件青铜钺，两面均饰有虎扑人头像，这是军队最高统帅的象征。从这一点来看，这又应该是一座将军墓。

▲ 妇好墓出土的铜方尊

▲ 妇好墓出土的大型铜钺

青铜钺：中国在商朝就有了一种叫钺的兵器，实际就是斧头。区别在于钺刃宽柄长，斧刃窄柄短。钺在商朝是兵权的象征。商王或军事首长才拥有青铜钺或玉钺。

人们不禁疑问，这个墓的主人是谁呢？他是男人还是女人呢？

就在几天后，人们对这个墓又有了新的发现。几乎每一个种类的青铜器上都刻有一个名字，这个人就是墓的主人。她不是别人，正是那个因甲骨卜辞而名闻天下的王后——“妇好”。

这些随葬文物使人们第一次得以旁观甲骨文中的人物，它们使甲骨文中的历史清晰了起来。在丰富的陪葬品中，人们逐渐认识着妇好。她的确是一位战功显赫的将军，出土的青铜钺，做工细致，形式威猛，不是上将军，绝对没有资格使用这样的铜钺。

出土的一对大鼎上刻有“司母辛”的字样，根据考古科学的研究，司母辛应该就是妇好死去时的庙号，根据商朝的习俗，以天干为庙号的人名，只有国王与王后才能享有。

于是，这个墓葬的挖掘，澄清了关于妇好的一切推论。妇好的确是一个人，她不但是位王后，也是一位手持铜钺的女将军。这位持钺的王后，消失于历史云烟中已经超过3000年，即便是《史记》中也没有记载过她的名字。

3000年后，在前后相隔40年的两次意外发现中，她却作为商朝最具体的形象出现在今人的眼前。

▲ 司母戊大方鼎

▲ 妇好扁足鼎

▲ 妇好墓出土的妇好鼎

但是，人们还有最后一个疑问，为什么妇好会出嫁给如此多的国王呢？难道说在商朝，王后有权进行多次婚配吗？

中华书局的老专家赵诚已经退休多年，但是对甲骨文的研究仍然痴心不改。他对《甲骨文合集》2636版有其独到的见解。

《甲骨文合集》：郭沫若主编，胡厚宣任总编辑。共收录甲骨41956号。全书共13册，前12册为拓本，第13册为摹本。全书的甲骨资料是按期类编排的。其出版，为学术界提供了全面而科学的甲骨文资料，对甲骨文和商朝历史的研究，起了很大的推动作用。

武丁是目前已知的商王中在位时间最久的国王，他享国59年，而他所珍爱的王后妇好在他之前就去世了。

商朝人迷信鬼神，崇尚天命。他们认为人世间的一切都取决于上帝、神灵与祖先。武丁对妇好的感情极为特殊，也许是相爱至深，也许是相敬如宾，武丁对于妇好的离去总是难以释怀。

于是，这位开明的君主就把他珍爱的妻子许配给去世已久的贤王。大概他认为，这些死去的祖先会在阴世保佑他的妻子。或者，他也认为，妇好的杰出完全可以与伟大的帝王相提并论。甲骨文的卜辞正是武丁对于祖先急切的询问。

“妇好嫁了吗？”“大甲已经娶了妇好！”

“妇好嫁了吗？”“成汤已经娶了妇好！”

“妇好嫁了吗？”“祖乙已经娶了妇好！”

于是，国王放下心来。

安阳，在一个多世纪的考古研究中，逐渐还原了一个古老的王朝。今天，在小屯村边，人们完整地保留了商朝的宫殿遗址，已经成为那个王朝的岁月见证。3000多年前，正是在这里上演着一个时代最轰轰烈烈的篇章。

时光，把无数历史掩埋其中。后人拭去黄沙，以怆然的哀思追祭逝去的往事，即便放飞思绪的奔马，仍难体会昔时的伟大。

十二、失踪的岁月

公元前1世纪，中国产生了第一部通史。在书中，作者司马迁写道：“有一位商王叫作盘庚，他为了去奢从简，整顿国风而迁都到了一个叫作殷的地方。自此以后，直到商王朝灭亡，一共773年，历任商王再也没有离开过殷。”

400年后，到了3世纪时，人们开始对司马迁的叙述产生怀疑，起因是一次盲目的盗墓活动。

281年，汲郡有个叫不隼的盗墓贼，他挖开了一座战国时期魏王的大墓。在进入墓室时，不隼的火把要熄灭了，于是，他点燃了墓中成捆的竹简取光。几天后，这座被盗掘一空的大墓被发现，只有地上还散落着未被烧光的竹简。

这些竹简被后人整理为《古本竹书纪年》，它比《史记》成书的时间还要早200年。《古本竹书纪年》中记载，商王朝自盘庚迁殷后，经过273年就被周朝所灭。两相对照，《史记》中的记录整整多了500年。

2000多年的时光里，史学家们对此一直迷惑不解，这迷失的500年岁月，到底在哪里呢？

中国的神话故事中说，天上的仙桃500年才能结一次果。500年，的确是漫长的时间。

20世纪20年代初，国学大师王国维在北京大学曾就《史记》与《古本竹书纪年》中相差的500年讲过课。王国维讲道，甲骨文中记载，从商王盘庚开始，到商纣王辛结束，一共是八世十二王。如果12位国王掌国773年，那么平均每一位国王的当权时间就是64年半。其中必须有接近半数的国王活过100岁，才能凑足773年之数，这几乎是不可能的事。

有一个现成的例子就摆在眼前，中国的最后一个王朝清朝立国267年，一共传承了10位皇帝。那么，《古本竹书纪年》中273年共传12位国王的记载就相对可靠得多。

然而，要想追寻这消逝的500年，还需要找到更加科学的依据。

就在此时，对甲骨文研究有突出贡献的两位大师罗振玉与王国维却选择了不同的道路。罗振玉追随逊帝溥仪，成为伪满洲国的重要人物。之后，他专心政治，在学术领域上的建树日渐减少。而王国维一心恢复清室，眼见复国无望，在昆明湖投湖自尽。

他们的命运与甲骨文的研究息息相关，此时，最有希望破解这一秘密的两个人却都无法再继续研究下去了。

十三、董作宾和他的田野考古

1927年，内战刚刚结束，新的政府建都南京，一切百废待兴。第二年，国民政府中央研究院历史语言研究所成立。筹备之初，请了一个30出头的年轻人任通讯员，他叫董作宾。董作宾是河南人，1922年曾入北京大学研究所国学门，师从于甲骨文大师王国维。他为人聪明灵活，勤奋好学，几年的时间里，已经成长为研究甲骨文的一流学者。

恰好，研究院一成立，首先想到的就是对出土甲骨的河南省安阳市进行现代意义上的科学考古工作。董作宾是王国维的学生，又是河南人，人地两宜，这个任务自然而然就落在了他的身上。

1928年8月12日，董作宾独身一人到安阳实地考察。安阳，还能不能挖到甲骨，董作宾也没有答案。

这里依旧在做着甲骨贩卖的生意，普通村民手中还有不少甲骨等待出售。在洹河西岸，董作宾发现10个新挖掘的大坑，坑边还有一片无字的甲骨被丢弃。种种迹象表明，地下还存在着未被挖掘的甲骨。

董作宾（1895—1963）： 现代考古学先驱、著名古文字研究学家，民俗学家。1928—1934年，曾8次主持或参加殷墟发掘，并专门从事甲骨文字研究。由他主编的《殷墟文字甲编》《殷墟文字乙编》二书，选录了抗日战争以前第1至第15次殷墟发掘出土的有字甲骨。

经过深思熟虑之后，董作宾毅然决定，建议研究院对安阳展开挖掘工作。

安阳充满着浓厚的历史气息，它在南北朝时期，曾经做过5个国家的首都。正因为如此，安阳一直名列中国的七大古都之一。

今天，在安阳市的小南海地区，还可以看到许多北魏时期的造像。这些造像，无疑成为安阳几千年来的历史见证。

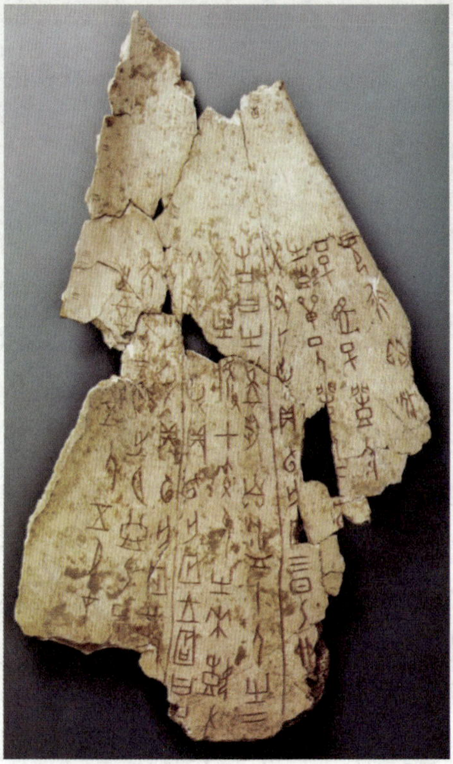

▲ 大型牛骨刻辞：商武丁时期，河南省安阳市出土，长 30.8 厘米，宽 19 厘米，阴刻文字填朱

甲骨文的发现使安阳的历史又提前了千年之久。然而，对甲骨文的再次挖掘能够寻找到商王朝消失的 500 年时光吗？

1928 年 10 月 13 日，在董作宾的领导下，中国第一次科学田野考古挖掘开始了。此时，这些考古队员完全没有实际工作的经验。在安阳，人们应该怎样才能挖掘到甲骨呢？

第一天，董作宾在几处出土过甲骨的坑边进行挖掘，他采用土壤识别的办法，在方圆一丈（约 3.33 米）的范围内打出几个探眼，然后对土壤的色泽进行比对。但是，这样做的结果收效甚微。

第二天、第三天，在接下来的几天里，董作宾同样没有太多的发现。

在气候与失败情绪的影响下，考古队员开始变得沮丧。作为考古队长的董作宾，压力也越来越大。于是，董作宾决定另辟蹊径。

要想挖到甲骨文，必须请求有经验的村民帮助。他明察暗访，多方打听，逐渐锁定了目标。据说，在张学献家对面的菜园里，和菜园东墙外的麦场里，是甲骨比较集中的地方，几十年来常挖常有，是个长盛不衰的风水宝地。

于是，董作宾决定在这几个地方集中进行突破。

几天后，挖掘工作移到菜园北一家田姓人家的院内。在考古人员精心的试挖掘之下，人们找到了不一样的土层。土质开始产生了变化，土层明显变为灰色，而且含有细沙。挖掘人员放慢了脚步，没过多久，大家已经可以确定，这是一片从来没有被人挖掘过的地层。

人们一点点清理着地层。突然，一片龟板的一角现出了地面。考古队员的心一下子激动起来。这是董作宾安阳考古以来第一次重大发现，共出土有字的大龟板 15 片。这 15 片龟甲骨质坚实，字迹清晰，实为甲骨文中不可多得的宝物。

在其后的挖掘中，考古队员不断总结经验，挖掘工作也越来越顺利。10 月 30 日，当第一次考古挖掘结束时，考古队员共发现甲骨 854 片，这在当时来说，是非常了不起的成就。

十四、科学考古开始

董作宾第一次考古挖掘工作的成功，使研究院最终下决心大力对安阳进行考古挖掘。没想到，这一挖就耗去了人们整整 10 年的时光。

早在 20 世纪初，甲骨学的大师罗振玉就对安阳的历史进行过研究。他遍查古籍，只在《史记》中找到了模糊不清的 6 个字：洹水南；殷墟上。

这 6 个字到底是什么意思呢？

安阳河在古时一直被称为洹水，难道说，这条洹水的南边就是盘庚迁都的所在地，人们一直称为殷的地方吗？罗振玉的推论极有吸引力，从某种角度来说，这些甲骨文是商王的秘密档案，既然是秘密档案，就应该保存在最安全、最隐秘的地方。对于商王来说，这个世界上最安全的地方当然就是他守卫严密的王都。但是，安阳，真的就是殷墟吗？

今天，安阳市依然古韵犹存，这里也保存了袁世凯的墓地。袁世凯在做总统前，曾经被清政府罢黜，在那段失意的日子里，他就在安阳洹水边隐居。袁世凯认为自己随后的发迹与安阳的风水息息相关，所以遗嘱中特别要求安葬于此。

舆地之学在中国源远流长，所谓风水其实与地形地貌有极大的关系。袁世凯的幕僚精于风水之学，认为安阳是一片很好的土地，于是选中这里为袁世凯安葬。

由此推论，3000多年前的商王会不会对这片水土产生兴趣呢？安阳，莫非真的是一个不同寻常的风水宝地?

随着时间的推移，安阳考古的科学研究工作大面积展开了。第二次、第三次挖掘工作，又连续出土甲骨3794块。正是这3794块甲骨，使董作宾有了一个划时代的发现。

在一个称为“大连坑”的长方形坑内，考古队员发现了4块较完整的大龟板，这4版龟板处于同一时代，它们体形巨大，字迹众多，一出土就引起考古界的关注，人们称这4块龟骨为“大龟四版”。

在这4版龟骨之上，频频出现一个过去谁也不认识的字。这个字出现频率之高，为所有甲骨文字之最。对它的解读，一直众说纷纭。有人说这个字为官名，有人说这个字为地名。然而无论是哪种解释，代入句子中都感到不通顺。董作宾经过仔细比对，第一次提出，这个字应该是今日汉字中的“贞”。贞，是贞卜问命的意思。

贞字的读解是神来之笔的灵感，它使人们第一次认清甲骨文存在的意义。甲骨上的文字并非记录历史的档案，而是商王求神问卜的答案。甲骨文，绝不是图书，而是商王与鬼神互通的信件。

于是，董作宾继续提出，甲骨文的语法与今日流行的汉语并没有太大的不同，有贞字存在的句子只能是：某某卜某贞。前面的某某是商王，后面的某就是为商王占卜的人，他们是王朝中最受尊重的人，这些人被称为贞人。

在大版2122中，董作宾发现，其上共有6个贞人，他们叫作“中、宫、品、允、争、宾”。

这6位贞人，共同使用过这一块龟骨进行占卜。从占卜文字上看，前后共经历了9个月的时间。也就是说，在这9个月内，他们必然同时生存。其中年纪最大的与最小的，不太会超过50岁。

正是这6个人，成为人们揭开商朝历史的肇端。在成千上万块甲骨中，人们寻找着他们的名字，与他们同时出现在一块龟板上的贞人必与他们处于同一时代。以此类推，人们把同时出现在一块龟板上的贞人划归为一个时期，于是，一共找到了 5 个时期的贞人。

今天，考古学家们在所有已出土的甲骨之中，发现了 128 位贞人的名字。这些贞人为不同的国王服务，有的王朝贞人多一些，有的王朝贞人少一些。在第四期，为国王占卜的只有一位叫作历的贞人，他也许是商王朝最孤独的占卜者。通过贞人的存在时间，人们可以很精确地计算出这 128 位贞人，大概生存在 200 多年的时间里。

可是，甲骨文为什么只记录了 200 多年的历史呢？直到此时，考古学家们依然不能回答。

十五、震惊世界的考古发现

1931 年 3 月，第四次考古挖掘工作开始，人们也对安阳有了进一步的发现。

在小屯村北、后冈、四盘磨村等地，考古队员先后发现了一些房屋的基址及夯土围墙。在科学挖掘工作的指导下，不久后，专家们得以证实，这些基址正是商王朝的建筑遗迹。

穿越时光的隔阂，3000 年后人们得以第一次触摸到这个尘封已久的王朝。

于是，人们不由得想到了罗振玉的推论——这里，会是传说中盘庚迁都的殷吗？

文献中的故事却不那么令人乐观。《史记》中记载道："商纣王亡国的 10 年后，他的哥哥箕子路过殷墟，看到原先宏伟壮观的宫殿都已经倒塌，王城中长满了青青的麦苗，不由掩面哭泣。"

仅仅过了 10 年，12 位商王苦心经营的殷都就已经破败不堪，何况漫长的 3000 年时光呢？

1934 年 3 月，安阳第九次考古挖掘工作开始启动，这一次，董作宾的目标是洹河北岸的后冈地区。没有人想到，数十天后，他们的发现震惊了世界。

随着挖掘工作的进行，一些巨大无比的大坑逐渐展现在人们面前，它们是死去商王的大墓。这些大墓气势恢宏，形制壮阔，面积最大的可达1803平方米。这一次挖掘规模空前，它使人们对商王有了更加具体的认识。

其中最大的大墓，南北长82米，东西宽53米，深入地下13米之多，从下向上看，很像一个倒置的金字塔。商王的棺椁在其中，两边为殉葬者。

可惜的是，经过3000多年的时光，墓穴早被盗贼多次光顾，残留下的陪葬品已经无法确切指出墓主人是哪一位商王了。

对安阳的考古挖掘，绵延了半个世纪。今天，人们在这里发现了完整的宫殿宗庙遗址，它们是商王日常起居的寝宫。

在洹河的北面，气势宏大的11座王陵组成中国历史上最早与最完整的王陵区。

有宫殿与王陵的存在，安阳无疑就是殷墟。专家推测，这11座王陵大墓正是盘庚迁殷后的11位国王的坟墓。而作为迁都的国王盘庚，并没有把自己埋葬在新建的都城里。

安阳，展现出一个尘封已久的王朝。公元前11世纪的景象，令今人匪夷所思。

当铃声响起时，贵族们的目光不由被吸引，一头被人类驯化的小象被带入酒会之中，它已经成为众人喜爱的宠物。

太阳刚刚升起时，街道上人流扰攘，王后所负责管辖的集市开始进行贸易，这是王城一天之中最为热闹的时光。

国家重地是青铜器制造厂，他们制造的青铜大鼎需要200多名青铜匠人协同铸造。工序之复杂，组织之严密，令人难以想象。

当战角吹响之时，全国的青年都要参与备战，巨大的战车套上战马，人们斗志昂扬。

国王的去世是举国沉痛的大事，为了保护国王在阴间的权威，将有几百名奴隶与敌国的战俘被杀掉殉葬。他们的尸骨多数被斩成两段，身首被埋在不同的地方。

《史记》与《古本竹书纪年》的这一段公案也因为对殷墟的科学考古工作而终得定论。学者们通过对贞人的鉴定，认为商王盘庚迁都直到商王朝覆灭，只经历了200多年的时光。

这也是为什么安阳出土的甲骨文只记载了200多年历史的原因。原来，多出的500年并不存在，那只是《史记》中为数很少的错误之一。

但是，商王们在迁殷以前又住在哪里？他们用甲骨来求神问卜吗？这些秘密，还隐藏在时光的迷雾中。

今天，科学家们可以准确地辨断，商王朝从建立到覆灭，总和也不会超过500年。

中国历史上的所有王朝，没有一个能够超过500年。

500年后，无论历史上多么伟大的王朝，都已经褪去了时代的颜色。

2003年5月5日上午，四川省达州市宣汉县警方接到当地文物管理所报案，称国家重点文物保护单位罗家坝遗址一处重要的古墓被盗，警方迅速出击赶赴现场。

巴国探秘

一、惊天盗案

经过现场侦查，他们发现位于河沿上的一座古墓被人从中间挖了一个盗洞，而且定位准确、手法老练。于是，四川省的文物部门决定，即刻对罗家坝遗址进行抢救性发掘，也由此使这里成为继三星堆遗址和金沙遗址之后，四川考古的又一个重大发现。

其实，在盗案发生前不久，一支由四川省文物考古研究所、达州市文管所和宣汉县文管所组成的联合考古队正在对罗家坝遗址进行第二次发掘。

而遗址被盗，将意味着此次考古行动极有可能无功而返。为了了解遗址文物的被盗情况，考古队决定马上围绕盗洞展开新一轮的抢救性发掘。与此同时，在考古人员的协助下，警方也同时在现场展开了勘查，试图尽快找到破案线索。

紧接着，警方在对盗墓现场进行详细的勘查之后，有了一个重大的发现。

宣汉县公安局局长石海波介绍："挖下去后，在这个坑的壁、坑壁或坑底就有让人非常吃惊的发现。一个是坑壁。坑壁明显有一种大的容器被移动后留下的痕迹，就在下面。这个发现充分说明这个地方有鼎或釜容器曾经在这个地方被起走了。”

通过对坑洞内这些痕迹的分析，警方推断犯罪嫌疑人应当是一个有着丰富盗墓经验、手法老道的内行人。根据他对盗墓地点的选择以及作案的手法来判断，这个人对现场的情况应该非常熟悉，而且他还熟知文物发掘的流程，因为在这个盗洞的周边，勘查人员发现了一些用于定位的探方，而并没有发现多余的盗洞。

于是，警方逐渐将犯罪嫌疑人的搜寻范围，缩小到曾经到过考古现场或是参与此次考古工作的所有人员。难道盗墓者就隐藏于考古人员当中吗?

石海波介绍，除了省文物管理局相关部门派了进行考古研究的专家学者之外，还有一支队伍，那就是省文物管理局聘请的进行现场施工的河南洛阳的一家文物勘探队伍。在三月中旬，来了16个人，一直在这里干到四月中旬，一个月时间就离开了，要说这帮人对文物的研究认识、认知程度、对现场熟知程度，特别是他们对文物钻探方面、对挖掘的手法，都是很有条件的，所以就可以把目光聚集在那16个人当中。

与此同时，在外围调查走访的民警了解到一个很重要的线索。由于被盗现场的区域是三面环水，因此，如果有人要从外界进入，就必须要通过渡船。

据当时一位值班的船工回忆，就在案发前10天左右，曾经有两个外地游客去过现场。其中一人的手中还提着一个长布口袋，至于里面装的是什么，船工就不得而知了。他们还曾向船工打听过这里的发掘情况，而另一个人还隐约透露出，他在河南也曾做过文物勘探。

当天晚上，宣汉县委责成县公安局迅速成立了以局长为首的“5·05”专案组，要求他们务必尽快破案。会议结束后，具体办案人员被分成两组，其中一组，第二天一大早便带着那位提供线索的船工立即奔赴河南洛阳。

到达洛阳后，他们便在河南警方的配合下，很快找到了那家探测公司和16名曾经到宣汉参与考古工作的员工，但船工却并未从中认出那两个曾经搭船的人。显然，这条线索断了，干警们不免感到有些失望，案件的侦破也由此陷入了僵局。

宣汉位于四川盆地东北的大巴山南麓，前河和后河在此将这座古老的县城包围其中，使这里成为一处四周青山环抱、绿水环绕的人间仙境。早在4000多年以前的新石器时代，巴人的先民们就世世代代在川东这片神奇的土地上生息繁衍，创造了灿烂的巴人文化。96年，宣汉正式建县，距今已有1900多年的历史了。

这里植被繁茂，气候宜人，全县面积4000多平方千米。宣汉县城被三条河流所围绕，并在城东汇入嘉陵江水系。如今的宣汉依旧是沟通川、陕、鄂、渝三省一市的交通要地，天然成趣的自然风光与这里曾经创造的古代文明交相辉映。

而此前被盗掘的那座古墓，就坐落在后河和中河所环绕的这片河心小岛上。就在案件侦破的同时，四川省文物考古研究所便决定对被盗的墓葬进行抢救性发掘。

罗家坝遗址距宣汉县城35千米。春秋战国时期，这一带就是通往秦国、楚国和蜀国的必经之路。

▲ 巴蜀青铜器

从20世纪70年代开始，当地的村民就曾在这一带发现过大量的文物。有村民回忆，那时的他们经常会用锄头在不经意间挖出一些破碎的陶片，而且还能拣到一些大小不一的青铜器物。为此，多年以来，省、市的文物专家们也曾多次前来考察，采集样本。

也正是从那个时候开始，四川省的考古专家们就已经把目光集中到了这片土地上。这里也曾在20世纪八九十年代，经历过两次大的考古发掘。

经过多年反复的走访和论证，直到20世纪末，专家最终认定，这里极有可能隐藏着春秋至战国时期一个庞大的土坑墓群和一个汉朝遗址。

2001年6月，罗家坝遗址被列为国家重点文物保护单位。对古墓大规模的发掘工作，也就从那时起悄然拉开了帷幕。然而每一次对罗家坝遗址的考古发掘，都会给专家们带来惊喜，也同时会给他们带来更多的疑问。令专家们不解的是，这里的墓葬为何会出现如此之多的随葬品呢？

面对暂时中断的线索，远在河南洛阳办案的小组重新调整了思路。在对已有的线索反复梳理之后，他们认为，目前以洛阳为侦破目标的大方向并没有错。新的线索还要从中断的地方继续下去。也就是说，对探测公司16名员工的调查工作并不能停止，接下来的侦查工作，需要在此基础上进一步扩大范围。

办案受阻的消息很快传回了宣汉，石局长指示大家，不管遇到什么困难，务必要把被盗的文物追回。

石海波介绍，罪犯要到一个地方去作案，摆脱不了他的空间和时间，案发时间这16个人的行踪，可以说跟这16个人相关联的人跟我们这个案发现场有什么关系，如果把这个关系找出来了，罪犯也就出来了。

于是，侦查员们再次对探测公司的16名员工和他们的主要社会关系，以及近期来往过密的朋友进行了新一轮的排查。几天后，在河南警方的帮助下，侦破工作终于有了眉目。两周后，一个绰号杨老五的人，进入了警方的视线。在对杨老五进行了数日的跟踪和调查后，警方又发现了一个与他来往密切的犯罪嫌疑人马某。马某不但有倒卖文物的犯罪前科，而且还与一个北京的王姓文物商交往甚密。

石海波介绍："我们通过北京的文物商直接告诉他，公安机关到北京找过他，但是他没有对公安机关交代情况，因为当时他已是惊弓之鸟，也想找一个安身之地，作为北京的文物商，他们交往了多年，觉得很信得过，就给他布了这样一个局，接待他的当然就是我们公安机关的警察了。"

很快，两名犯罪嫌疑人向警方交代了他们盗掘古墓的全部过程，同时，也交代了被盗文物的藏匿地点。

就这样，历经周折，被盗的7件文物终于在警方的不懈努力之下，重新回到了考古队的手中。

几天来，对被盗古墓的发掘工作在有条不紊地进行着，被盗文物失而复得的惊喜更增加了考古人员的信心。他们相信这次发掘一定能成为继1999年之后，四川省巴人考古的又一个重大发现。

其实，早在一年以前，在对重庆涪陵小田溪战国墓群的抢救发掘时，面对那里发现的战国时期墓葬以及出土的大量高等级随葬品，就有人怀疑说，这里也有可能拥有一座同时期的巴国统治者或者是巴国贵族的墓葬群。但由于发掘的时机不成熟，始终没有得到验证。

如果专家们的希望得以实现，那必将是巴人历史学研究的又一重大突破，也将成为四川省世纪之交发现的面积最大的巴人文化遗址。可事实会是如此吗?

随着发掘工作的进行，这座被盗的古墓渐渐地呈现出它与众不同的特点，而接下来的发现，也大大超出了考古人员的想象。

在发掘的时候，先是礼器暴露了，就说挨着这个盗洞的旁边就已经能看到有一些礼器。然后沿着那个框在布方，布方以后就觉得很奇怪，它上面有一些动物的骨骼作为填充，这个现象是这边的发掘中没有的，墓葬填土中还有大量的木炭，这个填土本身就表明这里曾经进行过大量的祭祀活动，因此考古人员判断这里可能是一个比较大的墓葬。

如果这里曾有过大量的祭祀活动，那么这里一定还有一处供祭祀用的区域，它又会隐藏在哪里呢?

以往对罗家坝遗址的发掘，无疑留给专家们太多的问号，对遗址年代的确定，一直是他们寻找问题答案的关键。在对罗家坝遗址的考古发掘中，除发现有大量战国时期的巴人墓葬外，考古人员还同时发现这里遗址的文化堆积也非常深厚，整体涵盖了新石器晚期至夏、商、西周直至两汉时期近两三千年的巴文化堆积。这使得专家们对这里巴人的来历产生了浓厚的兴趣。

巴最早根据很多文献包括《华阳国志》《山海经》的记载，它应该是在汉水流域和江汉平原那一带起源的，和楚是合在一起的，因此有人曾经提出叫巴楚文化，这是指的西周以前，后来楚强大了以后，和巴人发生了矛盾，巴人被赶出来了。

一直以来，关于巴人的起源，在学术界始终存在着不同的说法。陕南汉水一带也因发掘出商周时期的巴人青铜器，而令不少考古学者认为，早期的巴人是从汉水往东而迁徙至清江的，这种说法还曾一度占据过主导地位。

近年来的考古发现表明，巴人最早出现在夏商时期湖北的清江流域，从 20 世纪 80 年代以来，近 10 年的时间里，考古工作者发掘了多处早期的巴人遗址，以及一批商朝早期的巴人墓葬。挖掘出石器、陶器和骨器等文物近万件。这一成果为探索巴人的起源提供了宝贵的考古依据，有力地证明了鄂西的清江流域，是早期巴人频繁活动的主要地区。

巴文化： 巴人是古代西南及中南地区的一个族群。巴文化是巴国王族和巴地各族所共同创造的全部物质文化、精神文化及其社会结构的总和，20 世纪 40 年代首次提出这一概念。在民族迁徙过程中，巴文化沿途传播，得以与其他族群交流。秦汉统一后，巴文化开始融入华夏文化共同体。巴文化和蜀文化分属两支不同的考古学文化。蜀文化渊源于四川盆地西部的新石器时代晚期文化。

《华阳国志》： 又名《华阳国记》，是一部专门记述古代中国西南地区地方历史、地理、人物等的地方志著作，由东晋常璩撰写。全书共 12 卷，约 11 万字。记录了从远古到东晋永和三年巴蜀史事。此书与《越绝书》被认为是中国现存最早的地方志。

罗家坝发现的这批巴人遗址和墓葬群，年代久远、内容丰富，有的器物具备早期巴文化的典型特征。鉴于这种情况，有人提出罗家坝的巴人先民或许不是从外地迁入的，这一支巴人也许是与清江流域的巴人处在同时期，而不是同一区域的巴人祖先，他们所经历的年代或许还要早于清江流域的巴人先民。事实到底是怎样的呢？

根据对罗家坝出土器物的分析论证，坚持罗家坝巴人本地说的那部分学者，这时提出了他们的论据。他们认为，如果拿罗家坝出土的器物对比清江当年的发现，无论是规格还是制作工艺，罗家坝出土的器物都明显逊色于对方；按照文明发展的规律来讲，应该是文明后期制作的器物要好于文明前期的制作。因此，巴人是不是从外地迁入此地的还有待于考证，并不能排除这座遗址是一个延续了几千年文化的巴人遗址。

几周后，在考古人员的辛苦努力之下，古墓渐渐露出了它原始的面貌，专家们随即将它定名为 33 号墓。

33 号墓葬的平面形状呈“曲尺形”，北宽南窄，属于长方形土坑竖穴墓。墓葬北端宽 7.3 米，南端宽 5.5 米，整座墓葬南北长约 9 米。墓室的东边分为三个部分，中间的这个部分就是发现盗洞的地方。

墓主人的身份应该说是王族一级了，他的所有随葬器首先是以 4 为基数的，包括 4 个陶罐、4 个天地盏，同时兵器基本都是 8 个、12 个，或者是 24 个，都是以 4 为基数的。

连续几天的时间里，考古人员先后在墓室内发现了大量叠压存放的铜器和生活用品，其中的一些铜器，是四川省考古的首次发现。那么从这个意义上来看的话，罗家坝遗址的价值就更加值得重视了。

这时，现场的考古队员们既紧张又兴奋，但他们深知，只有在发掘工作接近墓室的时候，他们的种种推测才能得到证实。然而，此时仍然没有发现墓主人的尸骨，经过几千年岁月的侵蚀，墓主人的尸骨是否依然存在呢?

继数日前专家们在 33 号墓内发现了大量青铜器物后，又经过数天的发掘，考古队终于成功地接近了墓室的位置，这一成果意味着墓主人即将露出他的庐山真面目。果然在此不久，墓室内有 3 具尸骨率先地呈现出来。

在这座墓中，3 具尸骨头朝南方，被整齐地摆放在墓坑中央，死者的脸部全部向东，左臂均是卷曲地放在胸前，可右手却都是处于非正常状态。有的是小臂和大臂紧紧地贴在一起，有的肘关节已经错位，所以，这 3 具尸骨很可能是殉葬或者是祭祀的牺牲品。

这时，有人在旁边的一些祭祀品下面隐约发现了板状的东西，这可能就是墓主人的棺椁。也就是说，在这厚约30厘米的土层下，才是真正埋有墓葬主人的地方。

长江流域的巴人墓葬或者整个川东清理的巴人墓葬有许多共同的特征，首先他们都是长方形竖穴土坑墓，其次就是都是仰身直肢葬或者少量的屈肢葬，最后是每墓男性墓葬，每墓必有兵器随葬并且以陶器为主，一般都是陶罐、陶釜、陶豆或天地盏。

在这次罗家坝遗址所出土的随葬器物中，还包含众多的青铜礼器和陶器，同涪陵小田溪遗址当年出土的器物一样，种类也十分丰富。这其中，有的器物也是多件套的。在专家看来，这也是巴文化的典型特点。

在青铜铸造方面，巴人工匠这时已经掌握了青铜制造的合金比例和“金银错”装饰技术，其制造水平与当时中原的工匠不分上下。

重庆中国三峡博物馆，是一座拥有丰富藏品的综合性现代化博物馆，面积4万平方米，拥有30万件文物的保存空间。

在博物馆内的“远古巴渝”展厅，主要是以石器时期、青铜时期的馆藏文物为主，集中展示出巴蜀先民们在3000多年前所创造出的古老文明。在这里，一些当年出自小田溪等一批巴人墓葬的珍贵文物，也让前来观展的中外人士为之惊叹。

在所展出的这些青铜文物中，大多数属于典型的巴文化风格特点，但有的却带有明显的中原色彩，也有的是楚文化的典型特征。在专家看来，正是由于当时的巴人与外界交往非常频繁，因此，文化自然会呈现出这种多元的现象。

罗家坝遗址33号墓自发掘以来，引起了史学界的广泛关注。国内外的一些知名学者也纷纷来到宣汉，想一睹这座墓葬神秘的容颜。随后，

金银错：《辞海》解释说：“错，用金涂饰。”这是我国青铜时期一项精细工艺，最早见于商周时期的青铜器，主要用在青铜器的各种器皿，车马器具及兵器等实用器物上的装饰图案。春秋中晚期开始兴盛，汉朝是金银错工艺最盛行的年代。古代金银错青铜器分为镶嵌法和涂画法两种。

在设计好器形和图案后，按照一定的工艺流程，以特制的工具和特定的技法，在金属板上加工出千变万化的浮雕状图案，利用金、银、铜等金属材料的延展性兴起来的錾刻工艺。从出土的商周青铜器、金银器上的錾刻文、镶嵌和金银错等文物可知，这项技术已有数千年的历史。

▲ 巴蜀商朝晚期出土的青铜器戈

专家们通过对墓葬以及出土的高等级随葬品进行分析后，确定墓主人的身份一定是非同一般。在对这座墓葬的建造年代进行论证时，多数专家认为这座墓葬应该为战国早期。

这一天，考古人员又在墓室的南端发现了数十件青铜兵器，出土了包括矛、戈、剑、钺等器物。正如当年在小田溪出土众多兵器时专家们分析的那样，这些出土的各式兵器，也足以证明巴人正像史籍记载的那样，是一个曾经尚武的民族。

这时有专家联想到，多年以前在四川的巴人考古中，凡是年代被定格在东周以前的同级别墓葬中，很少出现如此之多的兵器。而在此之后的春秋战国时期，特别是在战国时期的巴人墓葬中，便开始出现了一些随葬的青铜器物，尤其是青铜兵器的数量很多，这是为什么呢？

原来在巴进入以前，蜀国内部非常和平，很少有战争，三星堆、金沙均没有发现大量的兵器。但东周以后，即巴进入以后，巴文化就带来很多兵器，所以可想而知，真正的战争多的是在巴进入以后，跟蜀之间发生的战争才遗留了那么多兵器下来。

多年的研究结果还表明，历史上凡具有尚武精神的民族，都难逃民族大迁徙的命运。从殷商开始的千百年间，巴人的足迹几乎遍及半个中国。而川东以及今天的重庆地区，则成了巴人历史命运的转折点。此后不久，巴人再次踏上了迁徙之路。然而在他们的足迹所到之处，究竟还有多少留给后人的秘密呢？

2003 年，对罗家坝遗址的发掘在中国考古界和史学界再次引起了巨大的震动，成为四川省在新世纪来临后，巴人考古的又一个重大发现。随后的几天里，考古队又在墓室中陆续发现了一些随葬品。这一天，在墓坑东边靠近墓主人棺椁的位置，又有 5 件陶器被挖掘出来。这些陶器由于长年被泥土掩盖，上面的彩绘显得有些暗淡，但即便如此，仍然磨灭不掉它昔日的光辉。

二、探秘罗家坝

2003 年，继重庆涪陵小田溪发现了战国时期的巴人墓葬群之后，在四川省的宣汉也终于发现了一些高规格的巴人墓葬。

当年，在对罗家坝遗址进行第二次发掘之前，考古学家们就曾对这片遗址进行过详细勘探，也大致对其中的遗址区和墓葬区做了定位。这其中尤其以 33 号墓为代表，这座墓葬也在发掘之初让专家们认为是一座巴王的陵墓。

在对罗家坝遗址 33 号墓的抢救性发掘开始后，考古人员就发掘出大量精美的文物，这些文物数量之多、规格之高，在国内也实属罕见。因此，罗家坝遗址也成为目前已发现的众多巴文化遗址中最大的一个。它的面积初步估计有 60 万平方米，文化遗存非常丰富。在这之前已经发现的涪陵小田溪、云阳李家坝和开县余家坝等巴人的墓地，仅仅是发现了墓葬，但在罗家坝还发现了居住遗址。

据专家介绍，目前已探明的罗家坝遗址其实包含有罗家坝的内、外坝，它和附近的张家坝遗址共同构成了一个总面积达 70 万平方米的广大区域。因此，罗家坝遗址在经历了这次发掘后名声大振，被认为是四川考古史上，继三星堆遗址和金沙遗址之后又一颗璀璨的明珠。

罗家坝遗址现在只发掘了 1000 平方米，它分生活区和墓葬区，这也是峡江地区没有的，也就说在一个遗址中，既有东周时期的墓葬又有东周时期的遗址，罗家坝是唯一的，它的东面全部是遗址，遗址的堆积厚度约为 2 米，全部是灰层，陶片非常多。

值得欣慰的是，通过这次考古发掘，专家们对这一带巴人墓葬的分布有了进一步了解。看来，在这片土地之下，的确隐藏着一个庞大的巴人墓葬群。

既然这片近70万平方米的土地之下，还有可能隐藏着高规格的巴人墓葬和都城遗址，那么，随着未来大面积发掘工作的展开，能否为一直以来苦苦研究巴文化的学者们，找出另外一条通往故国的捷径呢？

在出土的所有器物中，有一枚直径约8厘米的铜印章，在经过处理后，字迹看起来还是相当清晰。由于它做工非常精细，后来被考古专家誉为是四川迄今发现的最完整、最精美的巴蜀印章。

巴蜀图语：又称巴蜀符号或巴蜀图形文字，发现于三星堆遗址文物上的一种图形符号，主要分布在铜兵器、铜乐器、铜玺印等器物上。典型的巴蜀图语是虎纹、手心纹和花蒂纹等，目前主流观点认为这是巴蜀古族用来记录语言的工具、族徽、图腾或宗教符号，是一种象形文字，是巴蜀文字的雏形。目前尚未被破解。

罗家坝一共出土了5枚巴蜀印章，这5枚印章一个出在妇女身上，一个出在孩童身上，这5枚印章没有重复过，但是它单个符号重复的概率比较高。

这些刻有巴蜀图语的印章，同当年小田溪遗址中那些被錾刻在巴人兵器或乐器表面的神秘符号一样，成为迄今为止巴人文化研究的又一个未解之谜。

这种符号很像汉字中的“王”字，在巴蜀印章当中是比较流行的，就单是这个符号，一个印章中可能就会出现两次。还有一些其他的组合，例如用“星、云”这类符号所组合起来的印章，单一符号出现的概率也很高。但印章与印章相比，没有一个是相同的，而关于这些符号真正的含义，目前为止还没有人能够解释清楚。

巴蜀文化共有的特征，就是出土的一些青铜器上有很多符号，不完全是画一些自然界的风光或者简单的动物，也不像商周青铜器上那些纹饰。

考古发现表明，这种被称作是“巴蜀图语”的符号出现于西周，流行于战国时期。典型的巴蜀符号有虎纹、鸟纹、手心纹和花蒂纹，最常见的图形有虎、龟、孔雀和花蒂等。看上去，这些图形和符号既不讲究节奏韵律，也不讲究对称均衡，这些简单的装饰性图案到底有着怎样的含义呢？

近年来在四川，在对王、侯、将军等级的墓葬发掘中，经常可以看到有类似的器物出现。这些符号主要分布在铜制的兵器和乐器上，其中九成以上是用錾刻的方式刻在铜器上的。然而，带有“巴蜀符号”的印玺却比较少见。

四川大学考古系教授林向介绍：“现在我们说巴蜀土语，也就是一个一个的符号，它们是不是文字还需要研究，我认为还不能确定。巴蜀有没有文字，这应该说是历史上一个谜，文献所记载没有文字的说法，应该说只是没有汉文字，没有甲骨文、金文系统的文字。有没有自己民族文字还待考证。我个人倾向于可能是有的，只不过这些文字我们还无法解读。”

从20世纪40年代直到今天，几代考古学家已经发现了数千件带有这种符号的器物，至少也发现了300多个不同的字符，再尝试将它们排列成具有一定意义的组合，专家们惊讶地发现，居然超过了200种。

有专家认为，如果巴蜀文字是一种文字的话，它的价值就非常高了。但是到今天为止我们都不能释读，又经过几十年的努力，一批专家首先做了论证，它究竟是什么，当然相当部分人认为是文字。

也有一些专家对此提出了不同的意见。他们认为巴蜀图语并不是一种文字，而更像是一种看图解意的符号。这些符号在众多兵器上出现也绝非偶然。将这种带有原始巫术色彩的吉祥符号铸于兵器之上，其用意大概是佑护使用者，让使用者免于伤害，给使用者以力量和勇气，激励他们奋勇杀敌。他们还认为，由于这类符号截至目前所发现的数量和种类实在太少，因此距离一种能够记录语言的文字体系，还有很大差别。

毫无疑问，巴蜀图语已经成为巴文化历史研究的又一个巨大谜团。能够破解这个谜团，也就意味着拥有了一把通向探索之门的关键钥匙。它会对我们了解古代巴人，了解巴蜀文化起到关键的作用。

随着发掘工作的深入，墓葬区内的发现再次令人震惊。这片遗址的墓葬密度非常高，一个100平方米的范围内，竟然分布着10座左右的墓葬。墓内尸骨的头部均是朝向南方或西南方，绝大多数是仰身直肢葬。通过对这些尸骨进行鉴定后得知，死者年龄一般在 30 ～ 40 岁，并且男性居多，而老人和小孩却很少。

几天后，墓主人的尸骨终于被找到了。在对尸骨进行了综合分析后，专家们发现墓主人当年极有可能是战死沙场的。

作为一个曾经尚武的民族，像 33 号墓主人这种情况，在以往所发掘的几座墓葬中也曾出现过。这其中，墓主人的尸骨不是被兵器所伤，就是被箭镞嵌入骨内。有的甚至尸骨肢体不全，还有的是骨骼位置异常。这种种迹象表明，这些墓葬的主人当年可能都是为国捐躯、战死沙场的勇士。

联想以往对罗家坝遗址的发掘，墓主人也多是被兵器所伤，这显然与以往其他地区巴人墓葬的考古发现有着明显的不同。

虽说在 33 号墓葬的随葬品中，也同样出土了多件青铜兵器。但经过专家们仔细辨认后，发现这些兵器从样式上却与其他地区出土的青铜兵器存在着差异，这些精致小巧、适合山区作战的随身兵器在以往的巴人墓葬考古中也并不多见。值得注意的是，在此次对罗家坝遗址 33 号墓葬的发掘中，绝大多数的墓葬中都有尸骨和数量不一的随葬品出现，但这其中却另有 4 座发掘出来的墓葬，竟然是空墓，这到底是为什么呢？

在对罗家坝遗址 33 号墓的抢救性发掘后不久，考古人员了解到这其中另有 4 座发掘出来的墓，竟然是空墓。这一发现起初令专家们不解，但是很快这个疑问便得到了答案。

专家分析，当年在巴人将士出征前，这些墓葬就已经修好。一旦他们中有人为国牺牲，他们的遗体一定是由生者带回来将其安葬的。而那 4 座空墓，则有可能是预先挖好却因故未能使用而多余出来的墓穴。这时，针对罗家坝遗址中的这些发现，考古学家们提出了疑问。罗家坝遗址的墓葬分布密集，出土了大量巴人尸骨和兵器，其中一些规模较小的墓葬内也多是一些被砍杀、被箭镞所伤的士兵。那么，这种种迹象能否表明，罗家坝在当年曾经是一座经历过多次激战的古战场呢？

林向介绍：“那个地方是不是发生过战争呢？战争是很可能发生过的。只是现在来看，古战场的遗址还没有被找到。在渠县的城乡也发现一批战国的墓葬是类似这样的情况，也是里面有很多兵器，但是里面有些人可能是在某种战争或者冲突当中受了伤而死亡的人。冲突或战争是何时何地发生，我们现在说不清楚，古战场是否在川东北地区现在还不能找到确凿证据。”

如果不能确定这里就是当年的古战场，这里为什么还会出现如此之多的巴人墓葬呢？那些死难的将士又是因何而死，交战的敌人又是谁呢？

自战国中期开始，楚国向巴国大举进攻，而今天的重庆，在当时作为巴国的都城所在地，更是成为巴楚战争中，巴国的军事基地和重要的军事据点。

昔日里楚地的大米、巴地的食盐、古老的巴歌楚韵，渐渐地被巴楚两国频繁的军事冲突所取代。那么，到底是什么原因让这两个曾经一衣带水、不分你我的盟友转而兵刃相见了呢？

中国三峡博物馆名誉馆长王川平介绍，楚国强大它就把巴人向西边压迫，其中尤其是一段时间以来，齐国、吴越等国向楚国封锁食盐，盐是战略物资，楚国没有盐了，巴人却有盐，于是三峡腹地里面的很多盐、很多地方，就逐渐地被楚人占领。

在一个由上百个几乎是一模一样的陶罐所组成的展区里，层层叠叠的陶罐排列出一个庞大的阵容。实际上，这些陶罐来自重庆市忠县的中坝遗址，考古学家将它称为圜底罐。

有专家回忆，在当年发掘时，这种圜底罐层出不穷，后来挖出来的圜底罐竟然堆成了山。

如此多的单一种类的器物堆积，证明它们显然不是生活用具，而应当是用于某种生产活动的器物。

与一些高规格墓葬里出土的陶器相比，它们在制作和外形上都有着本质的区别，那

▲ 巴蜀青铜器牛纹罍（西周）

这些陶罐在当时到底是做什么用的呢？原来它们正是巴人熬盐用的工具。

林向介绍：“我们在这个中坝，就在云阳干井沟里的中坝，发现很大一个东周时期的制盐工厂，就说明当时巴进来以后在这个地方，控制盐业的生产，发展成了当地一个很重要的国家。因为盐是人们的必需品，这里远离海边，没有盐，就靠地下的盐泉来熬盐，用尖底的土罐来熬盐。一罐一罐的盐，作为生活必需品足以影响到周边的小的民族，从而，盐成为一个政治上用来控制周围民族的手段。”

无疑是巴人最早发现并开发了这里的盐泉。也正是从那时开始，三峡地区就已经出现了发达的盐业。盐成了巴人生活的重要部分，而繁荣和战争也由此进入他们的生活之中。

王川平介绍：“楚王实际是看中三峡里面的盐，从而发动了对巴国的战争，巴国之所以逐渐退到了重庆这个位置，实际上就和三峡里面大量的战略物资的丢失是有关系的。”

公元前377年，巴人迫于楚国强大的政治和军事压力，再次开始了整个民族的辗转迁徙，随后进入到四川盆地。

巴人在进入蜀地后，很快融入当地的文化之中。在长期的相邻共荣且共同抵御外敌的前提条件下，巴蜀两国开始结盟抗楚。但随后不久，这种联盟在秦人统一六国的铁蹄下，被再一次地打破了。

看来，古老的巴人民族的确留给了世人太多的想象空间。而多年来，考古发掘的成果还是大大丰富了巴人的历史文化研究。尤其是三峡库区的文物抢救工作以及众多巴人遗址的考古发掘，令许多曾经难以破解的巴人之谜有了相关答案。

有专家认为，一个曾经在长江沿岸生存了数百年的国度，产生过一代又一代的巴王。而经历过多次民族大迁徙的巴人，在战国后期，由于受到秦楚两国强大的政治和军事压力，其中的一部分曾落脚于此，最后也是在这里归于消亡的。

如果真的像专家们推测的这样，那么这里一定还隐藏着一处巴国的王城，也并不排除会有巴王的陵墓出现。

林向介绍："恐怕还不能这样讲。为什么呢，因为巴的中心聚落到现在还没有找到，但是蜀国的文化因为有三星堆，有金沙遗址的发现，它的中心聚落找到了，所以一切文化都解决了，但是巴呢，因为在四川盆地里面没有找到巴国的中心聚落，因此还很难肯定，还需要继续探索。"

▲ 巴蜀青铜人头像（商朝晚期）

作为尊崇生前聚族而居、死后聚族而葬的巴人，在漫长的迁徙过程中，或许真的落脚于此，并在这里创造了灿烂的民族文化。而这一切，却又随着日后连年不断的战争而渐渐消亡。也许当年巴人的将士们就是从这里告别家人奔赴战场的，在一次又一次遭遇失败后，一部分人长眠于此，而余下的人则选择了默默离开这块他们曾经赖以生存的土地。

三星堆遗址：我国长江流域早期文明的代表，也是迄今为止我国信史中已知的最早的文明。信史中第一个王朝商朝的历史距今只有3600年，三星堆的发现将我们的历史向前推到了4800年，是西南地区青铜时期遗址。

巴民族在近800年的历史中，曾创造了灿烂的民族文化，也留给了世界太多丰富的文化遗存和诸多未解之谜。

然而近年来的考古发现还表明，长期生活在这一地区的土家族人，据说就是古代巴人的后裔。值得一提的是，在四川宣汉的大山深处，至今仍然生活着许多土家族人。

金沙遗址：位于成都市郊的一处商周时期遗址，是我国进入21世纪第一项重大考古发现。它的发现，对研究蜀文化的起源、发展、衰亡具有重大意义，为破解三星堆文明突然消亡之谜找到了有力的证据。与成都平原的史前古城址群、三星堆遗址和战国船棺墓葬共同构建了古蜀文明发展演进的四个不同阶段。

王川平介绍："我们认为巴人的DNA跟现在的土家族比较接近，土家族人也自称是巴人的后代，他们是在我国腹心地带的少数民族。腹心地带土家族可能是人口最多的少数民族之

▲ 巴蜀青铜突目面具（商朝晚期）

一，对开发山区，特别是武陵山区，做了不可磨灭的贡献。”

自发掘以来，除同时发掘的其他几座墓葬，考古人员仅在33号墓中就发掘出200多件珍贵的文物，其中大部分是铜器。这些铜器大多分布于墓主人的尸边以及头足两端。与铜器同时出土的，还有一些陶器、骨牙器和玉石器等。

由于这里也曾经是巴国的属地，同时受到楚文化以及中原文化的影响，因此，这些出土器物无论在制作工艺还是外观形制上都体现出了巴文化的典型性和多元性。过去，传统意义上认为偏远落后的川东地区，是不可能出现这样丰富的巴人遗存的。然而，眼前的这些发现的确令人吃惊，这表明巴人在当年与外部世界的交往是极为紧密的。

在33号墓中，考古专家们还发现了一件镂空青铜器的残器，造型和镂空工艺与三星堆的器物非常相似。对此，他们也试图把它和三星堆的起源和消亡联系起来。如果能够证实这件器物确实和三星堆有关系，那就说明三星堆文化在春秋战国时期已经向周边流传，这对揭开三星堆的消亡之谜无疑又会增加一条重要的线索。

▲ 巴蜀青铜人面具（商朝晚期）

然而这里作为一处目前保存最好、面积最大的巴文化遗存，它与周边的涪陵小田溪，与

▲ 巴蜀青铜踞坐人像（商朝中期）

重庆、陕西、湖北等地先后发现的众多巴人遗迹，到底有没有传承的关系，与昔日里也曾创造过辉煌文化的古蜀国之间又是怎样的关系呢？

巴蜀是同一个地域里两个不同的国家、不同的文明。巴蜀考古这几十年有很大的发现，并且曾有很多发现轰动全国、轰动世界，像成都平原的三星堆和金沙的发现，放在全世界范围之内来看都是非常重大的发现，有人认为它可以和古埃及的发现、古罗马的考古发现、玛雅文明的发现相提并论，那么跟古蜀国同处一个地域的巴人的情况是怎么样呢？这个是学术界一直在探索的问题，事实上巴文化的考古发现比较重要的还早于蜀文化的发现。

这一天，罗家坝 33 号墓的发掘工作已基本结束。然而，这座墓葬的祭祀场所在哪里呢？在这片近 70 万平方米的土地上，究竟还有没有和 33 号墓一样，或者是比它更高一级的大墓呢？

未来罗家坝遗址的发掘，究竟还能为我们带来什么样的惊喜呢？

从目前的发掘情况来看，三次考古发掘已经出土了将近 3000 多个标本，其中青铜器大约有 1000 多件，其他的都是陶器，铜器中主要是以 2003 年发掘的 M33 为最重要，它出土了一套礼器和一些典型的巴蜀兵器，这在整个川东地区，对研究巴文化具有非常重要的作用。

如今，许多有关于巴人历史和文化的学术课题正在被专家们逐一攻克。对三峡库区的文物抢救和保护工作已取得了骄人的成绩，库区考古先后发现了双堰塘、李家坝等多处巴人的中心遗址。而宣汉罗家坝巴人遗址的发掘，更是为今后的巴人考古积累了大量的资料和经验。

截止到 2007 年，已经清理了 65 座墓葬。这 65 座墓葬有不同形制，估算这个狭长方形土坑墓、船棺葬、方形土坑墓和长方形土坑墓都有发现，这一发现就说明这个地方可能有不同种族或者是不同民族的人在这里融合，但是都属于巴国的范围。巴国是一个多民族的国家，这一点毫无疑问，从罗家坝开始，也体现了整个嘉陵江流域包括渠江流域的巴人的一种特性，就是现在认为的巴人可能与峡江地区还有一些差别。

当历史刚刚进入到 21 世纪，巴人考古的一个个新发现，就为研究巴文化的学者们开拓了新的视野。此时，专家们正在把故国寻踪的路线，从湖北清江流域以及现在的重庆地区转向了大巴山、米苍山南麓和嘉陵江流域的广大地区。

虽说今天的专家们仍旧对那些神秘的巴人符号，对巴王国与周边文化的界定，还存有不同程度争议，但我们仍然相信，这些充满着神奇力量的符号，一定能为我们带来一个个来自远古的心声。

聆听这些声音，我们仿佛看到江面之上、峡谷之中，一个个巴人的先民们正朝我们走来。跟随他们就一定能够踏上那条通向故国的探索之路。

四川一个普通村落，地下却埋藏着惊人的秘密：璀璨夺目的金器、形状怪异的陶器、各种青铜器和玉器，诉说着3000多年前这里的富庶和繁华。

金沙古国

一、王都惊现

2001年2月，一家建筑公司正在成都市西郊的金沙村施工。当挖掘机挖到地下一二米深的地方时，突然露出许多玉器、青铜器。接到电话，成都考古研究所的专家迅速赶到了现场。

成都金沙遗址博物馆副馆长朱章义说，当时从土里清理出1 400多件文物，其中有很多珍贵文物。我们一开始认为这里是一个墓葬。

▲ 金沙出土的玉器、青铜器

在几平方米的土坑里，各种器物上下层叠。有兽类的骨头、各种金器、青铜器和玉器。

然而，在这个土坑里，考古人员没有发现

人类的尸骨，也没找到文字信息。难道这是古代人藏宝的库房？正当考古人员猜测时，土坑周围几百平方米的范围内，又出现了许多这样的物品堆积坑。

无数的小坑，凌乱的物品。一切迹象表明，这片土地既不是藏宝的库房，也不是人类的墓葬。没有文字记载、没有年代可考，这些来源不明的宝藏，让金沙村显得扑朔迷离。

传说金沙村有一个古老的王国，富庶繁盛，在四川长大的唐朝诗人李白，在诗歌中描述古代蜀国有48000多年的辉煌历史。

在这些堆积坑中，大家发现了野猪、麋鹿、犀牛等各种兽类骨头，然而，让人难以理解的是，都是头上的兽角和口中的牙齿。不仅如此，各种金器、青铜和玉器也分门别类，放在了不同的地层。

在发掘过程中，土坑里出现的大量红色引起了大家的注意。

成都博物院院长王毅说，在墓葬里很少出现朱砂，朱砂一般都出现在祭祀遗存里。

远古人类在祭祀祖先神灵的时候，喜欢在器物上涂上朱砂象征生命，金沙村出土的石虎、石蛇的嘴里都被涂上了朱砂。

随后，考古人员又发现了20多个带孔的龟甲，有一个长达49厘米，据说是目前国内出土的最大的龟卜甲。龟甲常常是古人预测吉凶的卜甲，卜甲的大小往往代表着祭祀者的地位。

强烈的宗教色彩、特殊规格的祭祀物品，考古人员判断，金沙村可能是

▲ 金沙村出土的石虎、石蛇嘴里被涂上了朱砂

古蜀王国的祭祀场所。

随后，在金沙村发现，5 平方千米多的范围内，到处是古蜀先民的建筑基址。在这片规模庞大的遗址上，建筑布局十分严谨，街道纵横交错，考古人员猜测，金沙村可能曾经是古蜀王国的一个都城。

▲ 金沙村出土的达 49 厘米长的龟甲

根据发掘出土的房屋地基数量，考古人员推算，当时金沙村居民的人数已经上万。可见不是一个小的聚居部落。在这片区域里，又出土了大量的陶器和墓葬，考古人员由此对金沙遗址的年代做出了大致的判断。

朱章义说，通过高科技手段，比如碳 -14 测定，基本上断定金沙那个时期大概是商朝晚期到春秋早期。

碳 -14 测年法：又称放射性碳素断代法，由美国人利比在 1947 年创立，此后这个方法在考古学上得到了广泛的应用。不过，碳 -14 测年法只能准确测出五六万年以内的出土文物，对于年代更久远的出土文物是无法测定出来的。

在中国历史上，商朝晚期到春秋早期是距今 3000 多年的奴隶社会的繁荣时期。然而，据大量的文献记载，这个时候的蜀地还是一片荒凉和蒙昧。因此，大家认为，金沙遗址即使发现了 3000 多年前的居民，也不足以说明金沙就是古代蜀国的王都。

在金沙遗址，考古人员发现，家家户户的房子旁边都有自己的陶窑。从众多窑址里清理出来的陶片堆积成山。一些保存较为完整的陶器碎片复原后，就成了形状各异的陶器。有两件体积庞大、造型独特，尖底上面挺着个大肚子。

在金沙遗址里，不仅发现了许多稻田、稻谷的遗迹，在一个水塘里，还发现了一个保存完整的木锨。经过专家鉴定，这可能是古蜀先民用于稻田翻土的农用工具。

通过残留物体鉴定，金沙大量的陶器都装过酒。朱章义认为，当时肯定

▲金沙出土的陶器

▲体积庞大、造型独特的尖底陶器

▲金沙出土的各式陶器

▲3000多年前古蜀先民用的木锨

有大量的剩余粮食用来酿酒。

但是，如果是用来酿酒装酒，它为什么要做成尖底呢？

大家推测，把陶器的尖底插在土中，陶瓮内受外界温度的影响就会减小，在冬天也便于在陶瓮四周加热升温。据说，这两件陶器是国内同期出土中最大的。虽然不能明确它们的具体用途，但不管是储存粮食还是酿酒，都说明当时的金沙已经能生产充足的粮食。

四川大学考古系教授林向说，用大量的粮食和这么大的陶器酿酒，反映出当时金沙地区的文明程度是相当高的。

大量的人口、富足的生活，至少可以否定3000多年前古代蜀地还是一片蛮荒的说法。相比同时期的中原，他们的生活毫不逊色。在许多建筑遗址的旁边，还有残存的水井，水井口还装有过滤的装置。看来，3000多年前，古蜀先民就已经过上了安稳的定居生活。

许多迹象表明，金沙好像是一个古代蜀国的王都。然而，考古学界却一直怀疑3000多年前古蜀王国的真实存在。

在清理众多金器时，发现了一件保存完整的金器，这件金器非常薄，更像是一个金箔。金箔像一张圆形的剪纸，中间的空心部分是一个圆，四周围绕着12条弧形，外围有四只飞翔的鸟。金箔规则整齐、做工精致，飘动的弧线和展翅的大鸟围绕着中间的圆形，好像在旋转的样子。

▲ 古蜀先民用黄金制作的太阳神鸟图案

这神秘的图案有什么含义呢？

王毅说，四鸟绕日，后来称之为太阳神鸟。日中有金乌，就是这种概念。

在中国古代传说中，金乌负日是一个优美的神话。古人想象中的太阳，被长着三只脚的金乌背负着，从早到晚、从东到西，为大地带来无限的光明和生机。

朱章义说，大家对这件文物看法比较一致。特别是三足乌，它和太阳崇拜肯定有关系。

在中国的考古遗址中，许多地方都有三足乌和太阳形象的图案出现。

相传古代蜀王就创造了自己的太阳历法，因此有人猜测，这个神秘的图案就是他们的天文历法。

四川大学教授林向说，通俗的说法，叫四凤朝阳。12道光芒代表12个月份，4只鸟代表四季，太阳的光芒在旋转，鸟是朝着太阳飞的，所以叫朝阳。

在距金沙不远的地方，20世纪50年代发现了一个规模宏大的羊子山土台。专家认为，在宗教祭祀和天文地理融于一体的古代，这个和金沙同时期的土台，就是古蜀王国观测天象和祭天时共用的高台。

王毅说，太阳肯定是当时定方位的一个最重要参照物，金沙很多房屋、墓葬建筑的朝向，包括祭祀台的朝向，都是东北西南向。

从当时的生产生活面貌来看，古蜀先民已经掌握了太阳运行的基本知识，

▲ 精美绝伦的太阳神鸟图案被推选为中国文化遗产标志

这种参照太阳确定方位的做法，甚至影响到了今天成都市区的建筑布局。因此，太阳神鸟带有天文历法的意义绝不是妄加揣测。

林向认为，这个图案表现出金沙人的科学文化思想，已经达到了一个很高的水准，他们能够观察四季、年、月，以及天文对农业生产等各方面的影响作用。

2006 年，因为金沙的物质遗存和文化成就，精美绝伦的太阳神鸟被推选为中国文化遗产标志。

随着对出土的各种金器、青铜器、玉器的整理和研究，金沙作为王都的特征愈加显示出来。

林向说，能烧那么大的陶器，制造那么多金器、玉器，说明当时的工艺水平很高，经济也很富足，这个地方是一个中心部落，或者说是古蜀的都城之一应该也没有问题。

虽然，考古部分还原了金沙古国的面貌，但是，国王的宫殿在哪里？

到 2009 年，金沙遗址已经出土了 1 万多件珍贵文物，发掘面积超过了 5 平方千米，这在中国考古历史上是绝无仅有的。

在这片古蜀先民的聚居区域里，居住、生活，已经有了明确的功能分区，生产生活的状态，也显示出高度的文明。

这样辉煌的文明，肯定不是从天而降的。朱章义说，金沙应该和三星堆之间有着密切的联系。

三星堆在成都市北部，距成都市区 40 多千米，它是 20 世纪 80 年代发现的一个大型遗址。考古认为，它是古代蜀国的一个政治中心，它的出土把古蜀文明推前到 4000 多年前。然而，这段古蜀文明的辉煌在距今 3200 年左右却神秘消失了。

三星堆出土了许多青铜人像，尤其是高达 2 米的青铜立人，它和金沙出

▲ 金沙遗址

土的青铜小立人，两者的造型非常相似。垂地的长袍、紧握的双手。不仅如此，金沙出土的跪坐石人像，发辫、造型与三星堆的也完全一致。

王毅说，这个地方的人群，一定跟三星堆的族属是一样的，三星堆中典型代表王族身份的金杖，上面刻画的箭、鱼、鸟纹图案，在金沙出土的金冠带上也有。

专家认为，图案相同，表明两个地方的人群有相似的图腾崇拜和宗教信仰。可以说金沙和三星堆之间的关系非常密切。

▲ 金沙出土的青铜小人

◀ 三星堆出土高 172 厘米的青铜立人和金沙出土的青铜小人造型非常相似

▲ 三星堆出土的青铜器头像

金沙是继三星堆之后兴起的又一个政治、经济、文化中心。

大家推测，可能在距今 3200 年左右，三星堆王国衰落后，古蜀王国的政治中心迁移到了金沙村。而出土大量珍贵物品的地方，就是金沙王国祭天拜祖的宗庙圣地。

金沙遗址发掘以来，一直没有发现三星堆王国那样的城墙。然而，不久在祭祀场所北边又出土了一片建筑遗迹，给人们带来了意外的惊喜。

一些几百平方米的房子，造型不像一般人居住的场所，跟在陕西省出土的西周宫殿遗址很相似。

在这片地基上，粗大的柱洞、几百平方米的空间、规模和气势都远远大于其他居住区域的构造和布局。大家推测，这可能就是金沙王国的宫殿区。古老的传说，终于得到了考古的印证，金沙王都的历史全貌就此浮出了水面。

朱章义说，金沙遗址里我们发现了非常重要的宗教祭祀场所、宫殿区、墓地、大量先民的居住场所，还有那么多珍贵文物。这个遗址应该是商周时期古蜀王国的一个国都。

二、金面王国

金沙出土了这么多宝物，是不是就可以肯定古蜀王国真的存在呢？

2001 年 3 月 4 日，一条长长的金带出土，终于撩开了金沙神秘的面纱。

成都考古队副研究员张擎说，最后发现，这个金带是一个圈，它可以围合起来，大小恰巧跟人的头围差不多。

这条金带长约 50 厘米，宽度只有二三厘米。金带不是一条直线，而是一个弧形，将弧形圈拢后，两端的断痕非常吻合。因此，考古人员判断，它原本就是一个圈，于是命名为金冠带。

金带上的图案是由一个人头、一支箭、一条鱼、一只鸟组成。三星堆遗址出土的金杖上面也有由人头、箭、鸟、鱼组合的图案，两者完全一样。

考古专家认为，三星堆长达 2 米的金杖，可能是国王的权杖。金沙出土的金冠带可能是国王的王冠。金冠带和金杖的图案相同不是巧合。利用碳 -14 检测发现，两者在时间上也存在着连接。

王毅说，这个地方就是一个政治统治中心，因为金沙遗址里出土的好多

▲ 金沙出土的金冠带，围拢后和人的头部轮廓十分吻合

▲ 金沙出土的我国同时期最大的黄金面具

东西都不是一般人可以使用的，这些东西代表权力，代表当时最高统治者对世界的看法。

2007年2月，在8号遗址坑，考古队又挖掘出一件黄色的物体。

张擎说，那件物体跟锡箔纸一样，揉成一团，看不出是什么形状。

在场的成都博物院院长王毅，亲自动手对这团皱巴巴的金器做清理工作。当听他大喊“鼻子、眼睛”时，我们就知道了——这是一件金面具。

此前，金沙出土过耳朵大小的金面具，三星堆出土过巴掌大的金面具。这个人脸大小的金面具，给大家带来了意外的惊喜。金面具重46克，高11厘米，宽20多厘米，无论形体、重量都是金沙金器中的佼佼者。

从目前的考古资料看，在整个中华文明历史进程中，除三星堆遗址，只有北部的契丹王墓里才出现过黄金面具。

契丹王墓里的金面具是陪葬品，金沙的金面具又是做什么用的呢？

距今3400多年的古埃及国王图坦卡蒙，死后就是以整个黄金面具覆盖在脸上。

金沙的金面具并非出土于墓葬，它不是国王、王后死后的殉葬物品。距今4000多年的波斯王朝的黄金面具是镶嵌在青铜人像的头部，这和三星堆出土的黄金面具有些相似。

无论是生者所有还是死者所戴，金面具代表的是权力、地位、身份的象征，只有王族才能使用。

张擎说，金沙遗址发现这件金面具后，王毅所长把金沙遗址称为“金面王国”。

契丹：自北魏开始，契丹族就开始在辽河上游一带活动，907年建立契丹国，后改称辽，统治中国北方，1125年为金所灭。由于契丹的名声远扬，国外有些民族至今仍把中国称作“契丹”。契丹族为开发蒙古地区和中国东北发挥了重要的作用。根据最新的研究发现，契丹与今天的达斡尔族有最近的遗传关系。

▲ 金沙出土的金器

到2009年，金沙出土的除了人脸大小的金面具、象征王权的金冠带、代表历法的太阳神鸟几件国宝外，还有蟾蜍、鱼形等动物造型的金器。

古蜀先民把他们看见的、想象的东西都做成了黄金制品，而中原及其他地方，在同一时期，只有零星的小金饰出土。

四川社会科学院研究员段渝认为，中国北方发现的商朝黄金器物只有几十件，金沙遗址发现的黄金器物的数量大大超过北方出土数量的总和。

金沙出土的黄金器物数量和形状都是惊人的。黄金器物出现的历史也比较早。在中国主体文化里，对黄金的推崇是在金沙王国1000年后的西汉时期了。

在中国，不仅金面具最早出现在古蜀文化里，而且，3000多年前，黄金器物的数量最多、器形最为丰富，古蜀文化也是无与伦比的。张擎认为，在中国，对于金器的崇拜，应该是从古蜀人先开始的。

然而，这些黄金器物究竟是做什么用的呢？毕竟，3000多年前制作黄金器物并不是一件容易的事情。

黄金器物的出现，是在铜器出现以后。

青铜器制作的关键是冶炼和铸造模具，但是，黄金器物的制作还要烦琐复杂得多。

为了保护金沙出土的太阳神鸟金饰，考古队在全国找了好几家有名的金店，但打造出来的复制品，都不如原件栩栩如生。太阳神鸟只是一个平面，现代工艺却也很难复制，3000 多年前，古蜀先民如何处理黄金面具上隆起的鼻子、眼睛，除了叹服，我们无从知道。

与三星堆一样，金沙出土的金面具具有浓郁的地方特色，高高的鼻梁、怒视的眼睛，表情威严肃穆，显得冷酷而神秘。3000 多年前，古蜀王国制作这样造型的金面具，是有什么特殊的用途吗？

因为所有金器都出土于金沙的祭祀场所，大家判断，这些金器可能是用来祭祀神灵的物品。金面具可能是巫师的面具。在古代，祭祀是一件大事，与金沙遗址同时期的商朝晚期和西周早期，先民祭祀的器物，就是各种各样的青铜器物。

段渝说，殷商和西周都属于青铜器时期。中原以青铜为上，但金沙最宝贵的不是青铜器，而是黄金器物。

在判断这个金面具的用途时，考古人员又发现了一个奇怪的现象。金面具的外表虽然打磨得光滑闪亮，内侧却有许多毛刺，没有办法戴在人的脸上。考古人员还发现，在金面具的边缘有卷向内侧的折痕。并且，它薄如纸张，不像是独立使用的器物，更像是包贴在木雕表面的金箔。

▲ 巴蜀金面罩人头像（商朝晚期）

张擎说，贴上金与不贴金，肯定是有差别的。像三星堆金面罩，是附着于青铜人头像表面的，而这种青铜人头像，据研究，实际上代表各个级别的巫师。

专家认为，金沙的金面具可能是黏附在一个器物的表面，然后戴在巫师的脸上或者拿在巫师手中，以此来举行盛大的祭祀活动。

林向说，古代人祭神的时候，认为不能让自己的面容被神看见，被看见就是大不敬。怎么才能表现对神最高的崇拜呢？用最亮的黄金装饰面具，就能表示对神最大的尊敬。

在古代，面具的作用很多，但主要是用来驱邪避灾、祈求安康。今天，在西南一些地方，我们依然能够看到戴着各种面具的傩舞跳神。但是，金面具通常是权力的象征。

考古发现，3000 多年前的古代蜀国还没有出现明显的贫富分化，宗教神权和世俗政权没有分离，作为一个政治、宗教合一的国家，国王就是最高级别的巫师。当他带上金面具、金冠带，拿上镶嵌着金器的权杖，走上高台的时候，他的身份就发生了转化。通过金面具，国王可以借神灵的名义发布命令，面具实际上是统治阶级凝聚人心、团结民众的媒介。

三、消逝的王都

四川简称蜀，人们也确信古代蜀国的存在。然而，关于古代蜀国的历史，只有秦统一六国前，蚕从、鱼凫、杜宇、开明等几位国王的传说。

如今，金沙出土了大量物品，和这些国王的传说有些契合。

蚕从、鱼凫、杜宇、开明等：史载“蚕丛目纵，居岷山下的石穴里，蚕丛、柏砻、鱼凫三代都有数百岁，神化不死”。蚕从主要的功绩是“教民蚕桑”。鱼凫的主要功绩是“教民捕鱼”，杜宇“教民务农”，开明则是治水的功臣。他们都是蜀人的祖先。

文献记载和考古发现的东西对应，专家们基本认同三星堆可能是古代的鱼凫时期，金沙时期应该是古文献记载中的杜宇时期。

根据考古物证及科学鉴定，古蜀金沙兴起于距今 3600 年左右，而作为王都大概在距今 3200 年左右。

朱章义说，据文献记载，杜宇当时的国度范围非常宽。从北边到现在的汉中地区，南到云贵高原的边缘，西进入了今天的阿坝州，东到长江流域三峡地区。

在金沙王国的强盛时期，北边和东边都是商王朝的势力范围。

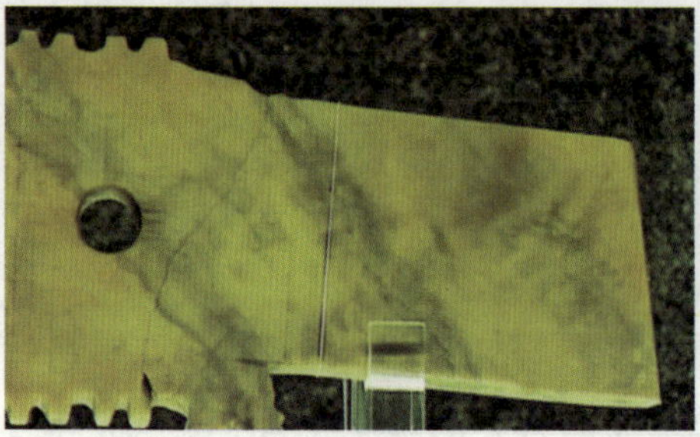

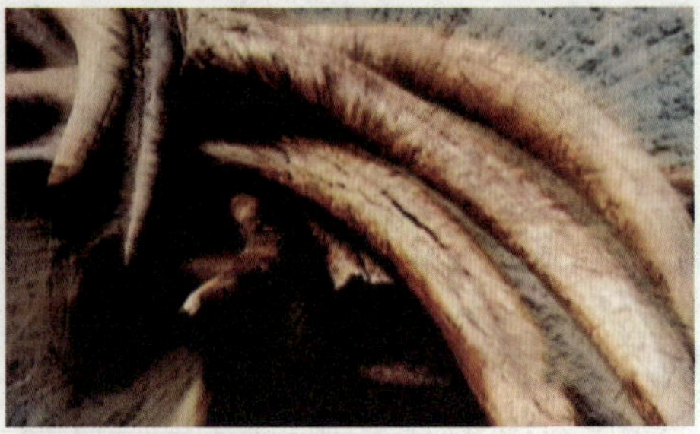

▲ 金沙出土的玉器

▲ 金沙出土的青铜器

相比中国历史上强盛的奴隶王朝，金沙王国也不逊色。

朱章义分析，在物质、文化得到基本满足的情况下，他们的精神生活肯定也比较丰富多彩，主要体现在当时的祭祀活动。长达四五百年的时间里不断地祭祀、不断地埋祭品，所以这里文物非常集中。

考古发现，在金沙王国，祭祀的频繁、场面的宏大，都远远超出了我们的想象。截至2009年，在金沙的祭祀场所出土了300多件金器、2000多件玉器、1000多根象牙，还有大量的青铜器、漆器和石器。

在金沙的祭祀场所，还发现了大大小小的石盘，上面有许多被敲击过的痕迹。考古认为，它们可能是金沙的乐器。

朱章义说，“国之大事在祀与戎”，即国家最大的事就是祭祀和战争。应该说在古蜀金沙时期，人们把祭祀活动看得更重。

祭祀祖先，敬奉神灵，金沙王国把祭祀活动看作生活中的头等大事，并且极为虔诚、也极尽奢华。然而，考古人员却发现，在距今2600年左右，金沙的祭祀活动悄悄发生了变化。

到了公元前600年前后，金沙遗址的范围越来越小，出土的珍贵文物数量急剧下降。祭品也发生了重大变化，主要是用陶器、野猪的獠牙和鹿角进行祭祀活动。

显然，金沙王国举行祭祀活动的规格和规模都下降了。紧接着，考古人员又发现了一个异常现象。金沙王都的人烟开始变得稀少，昔日的生活区慢慢变成了墓葬区，金沙由一个繁华的都市渐渐变成了村落。

金沙作为王都为什么消逝了呢？在古代，一个王朝政权的更替，不是因为战争就是自然灾害。

金沙出土了2000多个墓葬。这些墓葬规划整齐，遗骨呈仰卧状，大部分墓室中都没有陪葬品出现。通过勘测鉴定，没有发现有关战争和被集体杀戮的迹象。

朱章义说，文献记载中，这个时候并没有发生过非常大的战争。

在金沙出土的2000多个墓葬中，大部分都是单人墓葬，也有少部分夫妻合葬墓，这些遗骨姿态安详，经过专家鉴定，这里既没有流行性疾病出现，也没发现中毒死亡的情况。在个别墓葬中出土的陪葬品里，也没发现一件实用兵器。

在金沙发现了一部分青铜的戈，但是这种戈非常短小，没有刃口，它应该是作为礼仪用品，而不是作为实用兵器使用。青铜制造的刀剑、戈矛是传统的兵器，然而，在金沙都被制作成了没有刃口、短小精致的礼仪用品。在金沙古国，怎么可能会发生大的流血冲突呢？何况，以金沙王国时期的富庶和繁华来看，其国力也是非常强大的。

从考古看，金沙王国与外界的交流来往不仅密切，而且是和平友好的，并且，传说中金沙的杜宇国王，是一个爱护百姓、教民务农的贤君。富庶强盛，和平稳定，意味着与战争、内乱也很遥远。

在古蜀文明中，有许多关于洪水的传说——洪水来临，大地成为一片汪洋，人都变成了水中的游鱼。

通过考古鉴定，金沙王都并非毁灭于战争和瘟疫。

成都理工大学博物馆馆长李奎说：“我们通过清查遗址和对古河道的研究发现，在2000—3000年前，成都平原上的河流呈网状分布，经常发生洪水。”

金沙王国时期，成都平原西北部的几条大江大河，雨季经常发大水，而金沙地处成都平原腹地，易遭洪水之灾。

在成都市内，与金沙同一时期的几个遗址，都有被洪水淹没的痕迹。金沙王都是不是也遭受了同样的悲惨命运呢？

就在考古人员寻找证据的时候，又有了新的发现。

在金沙遗址祭祀场所的河边，发现了一棵十分粗大的树根。树根面积大概为200平方米左右，树干的直径超过1米。

研究表明，这个乌黑油亮的树根原本是一棵香料树木，却被突然而至的洪水掩埋。经过几千年的沉积、碳化变成了乌黑色的既不像木头又不像石头的坚硬物质。

在古河道中间，又陆续挖出乌木。一棵在金沙出土的乌木，粗达2米，长达30多米，在原始森林中都极为罕见。既然洪水能将这些粗大的树木冲积掩埋，古蜀文明中的洪水之说，就不是空穴来风了。

2300多年前，李冰父子在成都修建都江堰。在他之前消逝的金沙王都难道真的是毁于洪水的暴虐吗？

然而，在对金沙遗址进行系统发掘后，又推翻了这个假设。金沙遗址保存完整，并没有发现洪水泛滥后留下的痕迹，也没有发现古蜀先民集体逃生的迹象。正当考古人员陷入谜团的时候，大家在金沙的墓葬中，发现了一些奇怪的变化。

朱章义说，突然在几个工地，发现了一片墓葬。这片墓葬的方向，有一定的变化，即越来越靠近南北方向。

金沙出土的2000多个墓葬，大部分都是西北东南朝向，而这一片墓区，

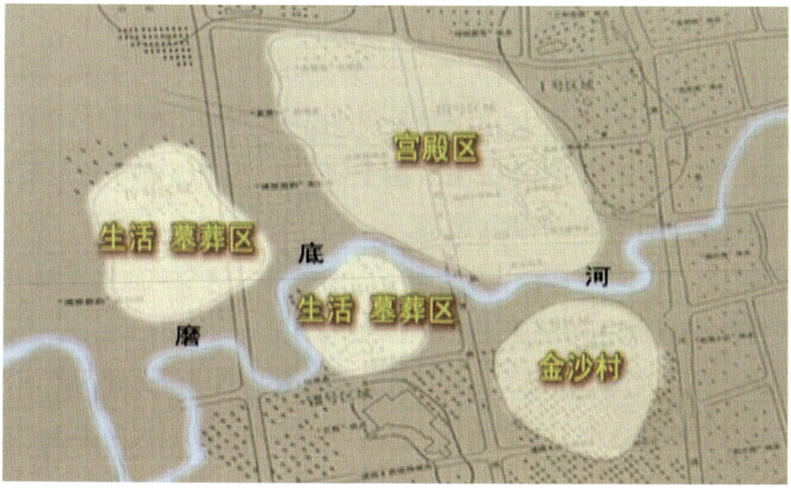

▲ 金沙遗址分布图

朝向却发生了明显的变化。然而，让考古人员更惊讶的是这些墓坑的长度。

朱章义说，墓葬的长度发生了变化，长可能有 5 米，宽才 1 米，这些墓葬明显比金沙最繁盛时期的墓葬要长。

金沙大部分的墓坑长度在 2 米左右，比人体的遗骨略长。而这些墓葬的长度远远大于人体的长度。

虽然，历经 3000 多年的岁月，墓葬的棺木没有能够被保存下来，但是，考古人员还是发现了埋藏中的秘密。

从墓葬发掘的底部看，明显有棺的痕迹。这种棺实际上是中间最低，两边高起，根据对木头腐烂痕迹进行复原，它和后来战国时期成都平原发现的船棺非常相似。

船棺是用整根木头把中间掏空做成墓室。出土于成都市商业街的战国船棺，有的长度甚至达到 20 米。

金沙王国晚期的墓葬为什么会出现船棺呢？它与金沙王都的消失存在联系吗？

船棺葬：古代以独木舟形棺木为葬具的墓葬。安葬船棺的方式，分为悬挂岩洞、架在树上和埋入土中等。迄今所发现年代最早的船棺，是从武夷山观音岩和白岩上取下的两具棺木。经碳-14 测定，制作时间距今 3500 年。但是，古人为何以船做棺？这种习俗究竟是怎样形成的呢？目前尚无定论。

金沙遗址的时期正好介于成都市船棺遗址和三星堆遗址之间。

考古认为，在距今 3200 年左右，金沙王国取代了三星堆王国，兴盛繁荣 600 年后，在距今 2600 年左右，被擅长制造船棺的民族取代了。

朱章义说，我们认为，可能和开明王朝，就是文献记载中鳖灵来到成都平原，到杜宇王朝做宰相有直接关系。

传说在杜宇王朝后期，从东边来了一个部族，这个部族的领袖叫鳖灵，鳖灵因为治水有功，杜宇就把王位禅让给了鳖灵。

在金沙古国，洪水是最强大的敌人，当巫师用数以千万计的象牙，甚至大量的金器、玉器，都不能制服洪水的时候，会治水的鳖灵为金沙的杜宇王朝带来了新的气象。

民间传说与文献记载相同，因为治水有功，杜宇把王位禅让给了鳖灵，一个新的古蜀王国——开明王朝诞生了。

究竟是禅让还是被迫退位，文献中已经没有更多的文字可以考证。但是今天四川民间仍流传着这样的传说，杜宇退位后变成了杜鹃鸟到处啼血哀歌。虽然，我们至今仍无法完全弄清楚杜宇王朝末代政权的细节，但是，从具体年代看，金沙王国周边的政治格局已经发生了天翻地覆的变化。

除了在川西的蜀国，还有川东的巴国，它们北边的秦国、东边的楚国，是当时最强大的国家。

在金沙王国晚期，中原已经开始了诸侯争霸的春秋时期。秦、楚等国的政治军事实力已经悄然发生了改变。在这个时期出土的文物中出现了锋利的兵器。同样是戈、剑、矛等器物，秦、楚两国用青铜做成了锋利的武器，而金沙王国却是祭祀的用品。

到了公元前 316 年，秦国大将张仪、司马错带领秦军越过秦岭攻打蜀国，蜀国很快就灭亡了。

秦灭巴蜀最终统一六国，建立了中国历史上第一个中央集权制的封建王朝。而巴蜀文明从此也渐渐地融入了中华文明的大家庭。

虽然，在金沙出土的一些器物上也有符号图案，但目前还无法破译，也

▲ 金沙遗址

就留下了许多未解之谜。然而，对金沙遗址的发掘，目前发掘面积还不到五分之一，许多文物还深埋土里，终有一天，它们会带给我们更多的答案。

初步勘测表明，司马迁在《史记》中对秦始皇陵的记载是可信的：秦陵中掩埋着微缩版大秦帝国；至今秦始皇的尸骨和巨大的财富仍沉睡于地宫中。它们一旦重见天日，将是人类有史以来最大的考古发现。

秦陵发掘何时开始？

梦回秦朝

中央电视台记者对著名考古学家袁仲一先生的采访，是从西安到陕西临潼秦始皇兵马俑博物馆的路上开始的。一路上袁老始终话语不多，但自踏进兵马俑展厅的那一刻起，老人立刻兴奋起来，再不是记者第一印象中沉默寡言的人。

袁仲一说："这是全坑唯一一个没胡子的（兵马俑），制作它的工匠叫咸阳敬"；"这个黑铁塔似的大汉是宫丙做的"……

▲ 一号坑中唯一没有胡子的秦俑和宫丙的作品

兵马俑一号坑展厅中排列着形态各异的陶俑，数量达6000多件，有些陶俑的身上刻有当初制造者的名字，目前发现参与兵马俑制造的工匠至少有87名。而无论身上是否刻有工匠名，袁老都能准确无误地说出大部分兵马俑的制造者姓名。

袁仲一补充道："比如刚才说到的那个叫宫丙的工匠，他的作品身材一般比较魁梧，头发做得非常逼真，是用篦状的工具一丝一丝刮出来的，但是有点过于程式化。这就是他的作品风格和特点，与其他的（兵马俑）是不一样的。"

如今，哪个陶俑在哪个位置，老人闭着眼睛也能准确无误地指出来，就像一个爱兵如子的连长熟悉他的士兵一样。俗话说"日久见人心"，袁老与秦俑之间的这份"不了缘"，还要从1974年说起。

一、第一个为秦俑"掀起盖头"的人

1974年，当地农民在打井时挖到了陶俑俑头的消息传到主管部门，42岁的袁仲一被任命为考古发掘队队长，带着几名考古队员赶到现场。于是，3个兵马俑坑里由约8000件陶俑、陶马组成的庞大地下军团展现在了世人面前。

人们先是兴奋，继而是震惊。但关于俑坑的存在，史书中没有任何的记载，也没有任何传说透露过一丝线索，它们到底是谁的军队呢？好在俑坑中出土了大量的青铜兵器，人们在其中一支矛上发现刻有"寺工"的字样。史书记载，"寺工"是秦朝主管兵器生产的国家机构；在一支戈上刻有"五年相邦吕不韦造"的文字，吕不韦是秦始皇的丞相，他的职责之一就是负责秦国的兵器生产……据此可断定，这一列列如真人大小的兵马俑就是始皇帝的陪葬。

▲ 证据确凿，毋庸置疑

最令袁仲一感到惊讶的是，历史上曾有过多次发现兵马俑的机遇，但最终却都与这个重大考古发现擦肩而过：一个东汉墓葬的棺木直接放在了兵马俑中一组被打碎陶马的位置上；有一个民国初年农民取土的大坑，其规模肯定会使几十个陶俑暴露出来，而且当时见到的也绝不止一人。但没有人在意过，后来可能因为下雨，淤泥又一点点把它们盖住了……

2000年来，兵马俑一直不断地向人们传递着它们存在的信息，并终于在20世纪70年代，在袁仲一和他同事们的“帮助”下重见天日。

二、色彩之谜

与如今人们在博物馆中看到的整齐、威武的俑列大相径庭的是，1974年在这个巨大的俑坑中展现在考古人员面前的是一具具倒塌的身体、残破的头颅、断裂的手臂……很明显它们曾经遭受过严重的破坏。因此，如何保护它们的原貌？这是袁仲一和考古队员面临的最大问题。

袁仲一说：“《史记》中曾记载，项羽入关后曾大肆烧毁秦始皇陵中的宫殿建筑。如果这一记载属实，兵马俑坑极有可能是被毁于项羽的军队。兵马俑的修复工作是极为困难的，考古队员每挖掘、修复一个兵马俑，平均要花上1个月至几个月的时间不等。至今因为碎片丢失，还有很多兵马俑残缺不全地站立在俑坑中。”

几十年前一些不负责任的媒体曾报道过，当今社会上也仍然流传着这样

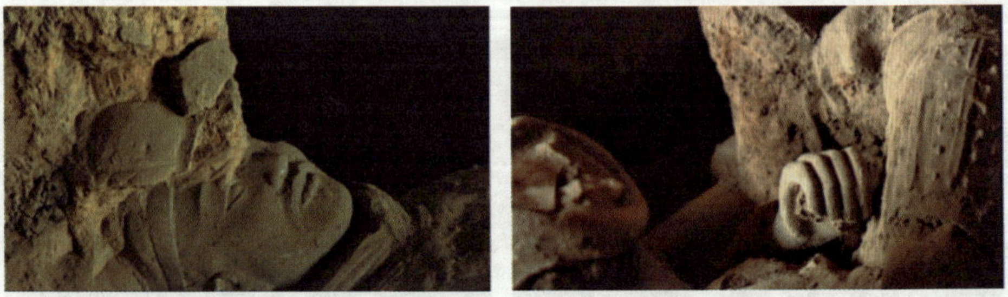

▲ 俑坑中一片狼藉，惨不忍睹

一种说法：秦始皇兵马俑出土的时候全部都是彩绘，只是后来因为保护不当，它们颜色尽失才变成了现在看到的青灰色。

袁仲一解释道："陶俑刚出土时，有的俑身上尚存有一些颜色的残迹，这是因为当年制俑时是先在烧好的陶俑坯子上打一层生漆底子，再在生漆层上绘彩，也就是说俑在下葬时全部是绘彩的。但兵马俑坑中的种种迹象表明，这里曾经遭遇过一场火劫。有人推测是项羽的部队干的，也有人说是修陵园的工人因为仇恨而放的火；再就是秦始皇陵靠近骊山，每当山洪暴发都会让这些俑'泡一个澡'，挖掘中曾发现有清晰的浸水线，水深 1.2 米。经过大火烧，水再多次地浸泡，颜色已经脱落了。当俑被挖掘出来后，由于埋在地下 2000 多年了，自然的老化再加上挖出后突然暴露在空气里，水分会马上消失，尚存的生漆层便形成了一层皮，很难再附着在光滑的陶俑表面，很快就会翘起、脱落，而这一过程仅需五六分钟。因此，每具陶俑出土一点儿，就要立即采取措施，得边挖边加固——用化学黏合剂把它固定住，还要不断地喷洒水以保持一定的湿度，让它翘起的速度慢一点……二号坑中出土的 6 件精美彩陶俑全部被完好地保存了下来就足以说明，我们对出土兵马俑的保护是及时的，且方法是得当的。"

至今，兵马俑的挖掘工作仍在缓慢但很顺利地进行着，因为兵马俑坑中还有很多陶俑没有出土，完成这些挖掘至少还需要几十年的时间。

▲ 俑坑中出土的罕见彩俑。其实，当年下葬时的千军万马无不色彩光鲜

三、地下宝库，包罗万象

错金：金属丝镶嵌工艺的一种。指用金或银丝在器物的表面上镶嵌成花纹或文字（镶金称金错，镶银称银错），是我国青铜时期一项精细工艺，分镶嵌法和涂画法两种。最早见于商周时期的青铜器，主要用在青铜器的各种器皿、车马器具及兵器等实用器物上的装饰图案。春秋中晚期开始兴盛，汉朝是金银错工艺最盛行的年代。

乐府：这一称谓始于秦朝，汉时沿用了秦时的名称。公元前112年，汉武帝正式设立乐府，其任务是收集编纂各地民间音乐、整理改编与创作音乐、进行演唱及演奏等。也是一种带有音乐性的诗体名称。今保存的汉乐府民歌五六十首，其中有名的是《孔雀东南飞》《木兰辞》。

钮钟：钟是西周时期青铜乐器的总称，悬挂于架上，其中以甬钟最为常见。甬钟和钮钟的区别在于，甬钟体型较大，钮钟多为小型；甬钟最上面的平面舞部之上立有甬柱，而钮钟舞部上立的是悬钮；甬钟为侧悬，钮钟为直悬。多个钮钟组合在一起称为编钟。曾侯乙编钟是由甬钟、钮钟和镈钟组合而成的。

以往发现的秦朝文物非常少，学者们大多只能根据残存的史料记载去勾勒那个2000余年前大一统帝国的依稀轮廓。但与兵马俑相伴20余年的袁仲一，却使那个遥远帝国的某些层面清晰地得以再现，其中最有意思的是关于一口秦朝古钟的故事。

1976年，一个偶然的机会使袁仲一发现了一口秦朝的青铜钟，钟的表面绘有错金花纹，上面刻有“乐府”二字。这一发现可非同小可，因为过去学界普遍认为乐府最早设立于汉朝，但是这只青铜钟的出现意味着早在秦朝就已有乐府存在。遗憾的是，这件具有极高历史价值的珍贵文物在被发现10年后，于博物馆中意外被盗。然而颇具戏剧性的是，这口钟又于被盗12年后在中国香港出现了，袁仲一被通知立刻去香港鉴定真假。这时这口钟已经发生了变化，盗贼怕被别人认出是偷盗物品，不仅将钟上最宝贵的“乐府”两个字给锉掉了，还用酸为这口钟去锈，使钟的表面颜色也发生了很大变化。袁仲一足足看了5个小时，总算根据原在“乐府”两字下面铸造时就有的一个凹窝缺陷，钮边内侧有一条不会为人注意的断了半截的阳线等诸多细节断定就是那口失盗的乐府钟。

如今，这口秦朝乐府钟珍藏于秦始皇兵马俑博物馆。.

◀ 秦乐府钟。虽已被偷盗者糟蹋得面目大改，但袁仲一从细微之处仍可判明其真伪

四、冰山一角

继兵马俑坑之后，越来越多的秦始皇陵陪葬坑被发现，越来越多的秦朝文物被展现在世人面前：1980 年铜车马出土，1996 年石铠甲坑出土，2000 年文官俑出土……秦朝尘封的历史被一点点地开启。史书上记载：秦始皇用 38 年时间动用了 72 万人修筑陵墓。到底还有多少这样的陪葬坑？如果陪葬已是如此隆重，主人的整座陵园岂非又豪奢至极？它将给人们带来一个何等的惊喜。

袁仲一称，根据史料记载，始皇帝生前似乎想将眼前所拥有的一切全部复制到自己的陵墓之中，希望死后仍能拥有无上的权力。因此，秦陵中掩埋的极有可能是一个秦帝国的缩影。如果这个千古之谜能够破解，那将是有史以来最大的考古发现。

其实，早在 20 世纪 70 年代兵马俑挖掘工作开始之初，不仅是袁仲一将

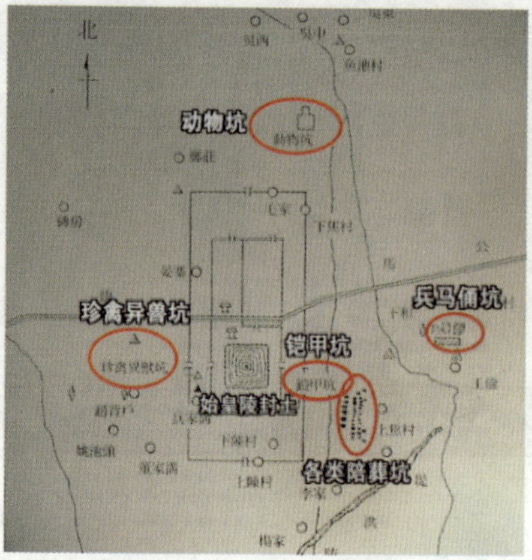

▲ 秦始皇陵已探明的陪葬坑布局

目光对准了秦陵，世界上考古学界、地质学界以及遥感学领域等多路专家学者，包括著名华裔物理学家丁肇中在内，都曾从不同角度、以不同方式介入了对坟冢的研究，其中对秦始皇陵深度的推测更是悬殊，如欧洲核子研究中心就推测秦始皇陵的深度在 500 ～ 1500 米……

袁仲一说：“推测是要建立在史据、实据的基础上的。我一是根据《史记》‘始皇陵下穿三泉’的记载，也就是深达三层地下水。我们在始皇陵附近挖掘过一口秦朝古井，水面是地下 16 米，3 层地下水也不过深 30 米左右；二是我们对始皇陵进行过钻探，发现它有防水墙，但最深的探孔表明（防水墙）不会深于地下 39 米；再就是已发现的最高规格的汉墓也达不到 500 ～ 1500 米的深度……所以我认为秦陵的深度在地下 39 米以内。不仅如此，根据我们多年对秦陵地下城墙的勘探，已基本可确认地宫殿的大致布局，是一座南北长、东西窄的长方形地宫，并且有内外两城。”

丁肇中： 华裔美国人，现任美国麻省理工学院教授。他曾发现一种新的基本粒子，并以物理文献中习惯用来表示电磁流的拉丁字母“J”将它命名为“J 粒子”。J 粒子的发现大大推动了粒子物理学的发展，他也为此获得 1976 年诺贝尔物理学奖。

《史记》中还有对始皇陵“以水银为百川江河大海”的记载。

袁仲一解释道：“汞是会挥发的，垂直挥发后便会积聚到土里。我们做过一些探测工作，发现在陵的中心点那一块有强烈的汞异常反应，土壤中的汞含量为通常土壤中汞含量的 2 ～ 42 倍。鉴于秦陵中仍有大量水银没有蒸发，也就表明陵墓很有可能从未被盗，2000 多年前的一切可能仍然毫发无损地被保存于地下……”

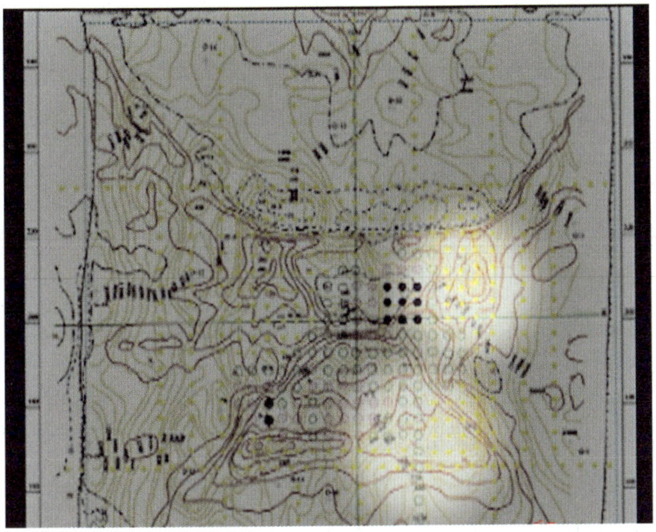

▲ 遥感测定的秦陵汞异常区。不可思议的是，墓中水银的分布与我国北方黄河、渤海，南方长江水系的分布大体一致

五、责任心，大智慧

如今社会上很多人对秦始皇陵的发掘非常感兴趣，作为一位 30 年倾心于秦陵考古研究的考古学家，袁仲一对发掘秦陵无疑有比常人更强烈的愿望。这一点，从他对他所从事事业的概括中可管窥一斑。

袁仲一称，考古的魅力就在于不断地探讨未知，获得新知。愉快就蕴含在探讨的过程中，只有起点，没有终点，寻寻觅觅，永无止境。

但是，他并不主张现在就开挖秦陵。

袁仲一解释道："原因有两条。其一，当年秦始皇下葬的时候，是将棺木、陪葬品放入墓穴后，用夯子一层一层将封土夯实形成现在这个样子的。2000 多年了，封土堆本身就是一个非常重要的遗迹，挖掘的时候它必然要遭破坏。虽然有人提出打个洞进去，但那是盗墓贼的勾当，考古是不允许这样干的；其二，墓室因为长期埋在地下，已形成一个恒温、恒湿的固定环境。一旦打开，环境的突然变化势必会对里面众多文物造成极大的破坏，而现代科技还不足以做到对其全面妥善地保护。现在打开秦陵，我们虽可一睹为快，但我们子孙后代是否还能看到就很难说了。如果真是那样的话，我们上对不起祖宗，下对不起后人，将成为历史的罪人……”

秦始皇陵的开掘目前看来还遥遥无期，但20余年的执着于此使袁仲一对那个2000多年前的秦帝国，那位长眠于这块土地下的千古第一帝有着难以名状的亲近感，也有着自己独到的认识与理解。

袁仲一说：“秦人并不像过去人们评价的那样是一个落后的民族，秦帝国也不是人们以往认为的那样除了统一大业外，对科技文化的发展没有新的贡献。恰恰相反，兵马俑的塑造，千人千面、千姿百态，具有自己独到的雕塑艺术风格，否定了以往认为中国雕塑艺术是在佛教传入后受佛教文化的影响才发展起来的说法；兵马俑的制作采用的是一种类似于现代工业化生产的模式，大约有上千人参加了这项浩大的制作工程。集合那么多人从事一项艺术创作，这本身在中外雕塑艺术史上也是罕见的。当然，这无疑需要很好的管理水平，严密的组织才行；再就是俑坑中出土的几万件同类兵器，不仅几乎每一件的质量都一样，而且有的青铜剑至今没有生锈。专家研究表明，这些剑在铸造时采用了氧化处理技术，而这一技术是在近代才发明的……”

1988年，袁仲一并非情愿地出任秦始皇兵马俑馆馆长。在担任兵马俑馆馆长的十几年时间中，袁仲一也从未停止过考古挖掘工作，秦陵任何一个陪葬坑的发掘，都能看见他在现场忙碌的身影。后来袁仲一开始围绕秦朝考古进行孜孜不倦的著述。他写作的时候几乎不用查找太多的资料，因为所有的内容都已深深地刻在他的脑海中。

正是这种对于考古几十年不衰的热情，才成就了今天的袁仲一。

1909年的一个黄昏，一支来自俄罗斯的驼队抵达我国内蒙古黑水城。他们打开了城外一座佛塔，找到一批精美绝伦的佛像，还意外地发现一批前所未见的“天书”。

谁也没有料到，围绕天书的解读研究，日后将在世界上产生一门新的学科。

一个中国历史上消逝近8个世纪的王朝，也由此浮出水面。

远逝的西夏

▲ 前所未见的“天书”

1962年，距离俄罗斯人发现黑水城天书已经过去53年。一天，中国科学院民族研究所来了一位青年人。他在报考研究生时，第一次听说了历史课本上从未出现过的一个王朝之名。

史金波称：“这是我第一次知道有西夏，有西夏文。因为学中国历史讲到宋朝这段时，就讲宋朝、辽朝、金朝，所以我对西夏无从得知。”

西夏（1038—1227）： 中国历史上由党项人在中国西部建立的一个政权。881年（唐朝中和元年），拓跋思恭占据夏州（今陕北地区的横山区），封定难节度使、夏国公，世代割据相袭。1038年，李元昊建国时便以夏为国号，称“大夏”。又因其在西方，宋人称之为“西夏”。西夏属于番汉联合政治，以党项族为主导，汉族与其他族群为辅。制度由番汉两元政治逐渐变成一元化的汉法制度。1227年亡于蒙古。

黑水城： 又称黑城，位于干涸的额济纳河（黑水）下游北岸的荒漠上，距阿拉善盟额济纳旗旗政府所在地——达来呼布镇东南方向25千米，是居延文化的一部分。黑水城是西夏在西部地区重要的农牧业基地和边防要塞，是元朝河西走廊通往岭北行省的驿站要道，西夏十二监军司之一黑山威福司治所。

俄罗斯驼队回国后，并不清楚这批文献文物的真正价值。直到一年后，有位专家从一堆零乱的文献中发现了一本西夏文与汉字的双语字典时才知道，他们运回来的竟是中国西夏王朝190年的历史。

“大白高国”是由党项族人在1038年建立的西夏国，前后共历10位皇帝，享国190年。最强盛时，统治着相当德法两国面积的广袤地区。

西夏前期与北宋、辽朝对峙，后期与南宋、金朝鼎足，近邻还有回鹘、吐蕃政权。在中国这段王朝关系最为错综复杂的历史时期，西夏起着举足轻重的制衡作用。

1227年，国力衰微的西夏被成吉思汗统一中原的蒙古铁骑所灭。它创造的文化也被蒙古人无情地摧残。在中国的二十四史中，这个西夏帝国竟然不见踪影。今天，只在曾经的国都，即现在的宁夏银川贺兰山，留下了9座帝王陵墓和沧桑的传说。

史金波表示：“西夏帝王陵墓建筑都很华丽，一座陵墓就是一个建筑群。献殿是祭祀之地，有专人管理。大殿很高，螭吻就有1米多长。现在破败了，看到的是满目苍凉，记录着西夏帝国的历史兴衰。”

长期以来，人们一直希望通过史料，还原西夏王朝的本来面目。但因为资料匮乏，自20世纪二三十年代以来，中国只有一位重要的西夏学家，他就是史金波的导师王静如，新中国第一位西夏学研究生就是史金波。而他要想研究这门绝学，首先要破解神秘的西夏文字。

▲ 苍凉的西夏帝王陵墓

史金波回忆道："刚学时感到非常新奇，很陌生，没见过这种文字。"

虽然西夏文是参照汉字创制的，但无论是字意还是读音都与汉字相去甚远。

史金波说："当时就像学天书一样，一边记一边写，照猫画虎去写。"

史金波在抄写西夏文时，脑海里充满疑问，西夏这个马背上的民族，曾在中国的西北之地开创过怎样的文明？一个强大的民族，又为什么骤然间烟消云散了呢？

1964 年，史金波随同导师来到敦煌，西夏曾统治这个地区近 2 个世纪。通过 3 个月科考，发现这里 500 多个洞窟中，属于西夏文明的竟多达 80 多个。一直存在于想象之中的西夏人的面貌，在史金波脑海中第一次真实地鲜活起来。

史金波称："壁画里的西夏人，没戴帽子，头顶中间的头发全部剃掉，两边的头发蓄起。通过洞窟壁画中的生动形象，逐步地了解了西夏社会和文化。"

敦煌的壁画让史金波和西夏人仿佛相逢在一个时空隧道中。

壁画上的西夏人面部微长、鼻梁较高、身材魁梧。他们酿酒、舂米的生活场景，被生动地记录下来。通过这扇窗口，一个已经消失的民族仿

西夏文：又名河西字、番文、唐古特文，是记录西夏党项族语言的文字。属表意体系，汉藏语系的羌语支。西夏人的语言已失传，跟现代的羌语和木雅语关系最密切。西夏景宗李元昊正式称帝前的大庆元年，命大臣野利仁荣创制。3 年始成，共 5000 余字，形体方整，笔画繁冗，结构仿汉字，又有其特点。曾在西夏王朝所统辖的今宁夏、甘肃、陕西北部、内蒙古南部等广阔地理带中，盛行了约 2 个世纪。

▲ 1964年史金波（左）随同导师王静如（中）到敦煌科考

▲ 党项人的装束

佛触手可及。

史金波介绍道："壁画里除了佛祖、菩萨外，还有很多供养人，西夏人就被真实地描绘在壁画中。有军官，有他的家属。画上还有榜题，旁边写着字，说明是什么官，是某某夫人。这样，他们的形象、他们的服饰就生动地展现在我们的面前。还可以想象他们当时到敦煌洞窟来拜佛、烧香、许愿，场景仿佛就浮现在了眼前。你能想象出西夏人的模样，想象出他们的生活、他们的信仰。"

面对西夏神秘的大门，史金波当时还没有掌握打开门锁的钥匙。西夏文总共6000多字，史金波能够识别的有限。

1974年，他和同事偶然间从图书馆发现了一部残书，它是由俄罗斯专家翻译的西夏文刻本《文海》，此书虽已残缺，但史金波却如获至宝。

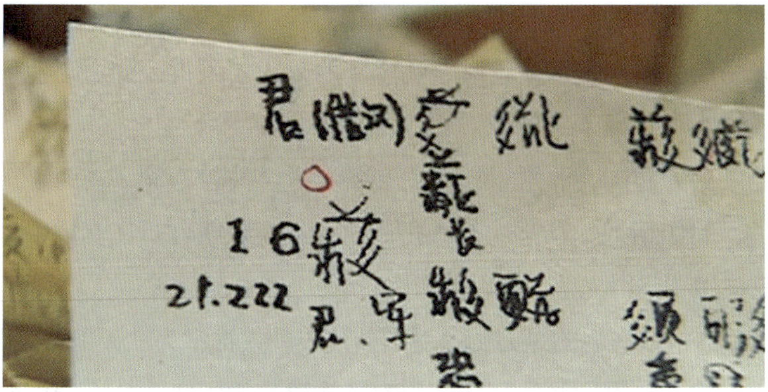

▲ 8 年制作了几万张这样的卡片

史金波说："这部书对每一个西夏字的字形、字义和字音都有注释。另外它在各个字义的解释中，涉及生产、生活、文化、宗教等方方面面的社会形态，不亚于一部小百科全书。"

史金波和两位同事，前后花了 8 年时间，制作了几万张卡片，才将《文海》翻译完成。这意味着中国人已经基本破解了"西夏天书"。

随着西夏文字逐渐破译，史金波开始深入研究文字背后隐藏的故事。西夏党项人属于羌人的一支。他想知道，这个骁勇善战的游牧民族，为什么能够逐渐发展壮大，在中国西北部四处征战、威震中原呢？

1987 年 1 月，史金波来到俄罗斯圣彼得堡东方学研究所。黑水城文献就存放在这里。

史金波回忆："看到文献时，心头一热。因为是第一次看到流失在海外的西夏重要文献。"

这批西夏典籍共有 8000 个编号，当中只有极少数面世，大部分文献仍然不为世人所知。一部西夏法典引起史金波注意，它有 20 多卷，长达 600 多页。史金波发现，这部法典许多地方竟比唐宋律法还要完备。或许西夏王朝兴盛的秘密，可以从这部国家法典中找到些许答案。

史金波称："比如说军事法，唐律宋律也有，但篇幅很少，加在一块不过几十条。而西夏的天盛律令，军事用了 3 卷，2 万多字，连装备都规定得很细致——如你是正军的一个普通士兵，你该有什么样的坐骑、铠甲、武器、长矛，一张弓给你多少支箭。这时，我感到西夏人了不得，知道了他们为什么有那么强的战斗力。”

西夏以武力建国，非常重视武器装备。史金波曾看到，在西夏王陵出土的铠甲片，制作精细、厚薄均匀、孔眼划一。连宋朝官员在奏折中也不得不感叹西夏铠甲“坚滑光莹，非劲弩可入。”

西夏武器中最有名的是刀剑。夏国剑被宋朝人推举为“天下第一”。

由此引发一个重大疑问，一个游牧民族建起的国家为什么能够制作出如此精良的武器装备呢？史金波联想起20世纪60年代在敦煌看到的一幅西夏壁画《锻铁图》。

史金波回忆：“图中的风箱是竖式的。据科学家研究，这是当时中国最先进的风箱。能打出那么好的剑，因为它有最好的鼓风设备。”

与中原地区元朝末年才出现的这种鼓风设备相比，西夏人足足领先了300年。

冶炼技术的进步提升了西夏军队的战斗力。西夏以骑兵为主，是著名的“铁鹞子”军，他们身着“非劲弩可入”的铠甲，手举天下第一的刀剑，横跨在党项马上，以严密的军法四处征战，在铁血刀锋之上建立起一个兴盛的西夏帝国。

西夏开国皇帝李元昊，建国之初就命大臣创制本国文字。在俄罗斯东方研究所巨大的历史城堡里，史金波就是通过文字筑成的历史隧道，与这个文

▲ 西夏壁画《锻铁图》

韬武略、励精图治的民族心照神交。

史金波说:“有些书的下角，都磨出了棕黑色的手印痕迹。我阅读时就想，西夏人读过这部书，现在我也在读这部书、抄写这部书，感到跟西夏人相通了。整天都在看文献，有时看完后，衣服上有些黄沙，我感觉这是西夏的沙子，黑水城的沙子，和西夏的距离更近了。”

眼前8000个编号的西夏资料，令史金波唏嘘不已。恩师王静如研究西夏一辈子，却没有机会见到这些珍贵的黑水城文献。俄罗斯之行，让史金波立下一个心愿，要尽快让这批流失海外的国宝魂归故里。

1993年，史金波代表中国社科院与俄罗斯东方研究所达成协议，共同编辑、出版俄藏黑水城出土的西夏文、汉文和其他少数民族文字文献。在这次合作中，一位俄罗斯专家的推测引起史金波的极大关注。专家认为，在西夏时期可能已经出现了活字印刷术。

史金波说:“俄罗斯专家克恰诺夫跟我说，这里有一个活字印刷的标志，是一个题记。题记里讲到‘字活’两个字，‘字活’就是‘活字’，再看文献本身也确实有活字印刷的特点。”

如果此事为真，这将是一项事关重大的发现。因为国际上一直对中国四大发明之一的活字印刷术，有尖锐的质疑。虽然《梦溪笔谈》中对此项发明的记载有详细的时间和确切的人物，但是中国至今没有任何印刷品能够证实这一记载。而现在，同时代的西夏有可能将这个记载变成现实吗?

之后，史金波和国内专家们从西夏佛经中，获得了更为确凿的证据。

史金波称:“一件活字印刷品虽然只是一张残页，但非常重要。因为上面记载了西夏时期印刷的分工。比如说印字选者，就是选印字的人是梁慧明、梁慧修、段慧明。刻印的人是梁慧宝。印本者，就是印刷的人，是梁慧安。似乎多数是僧人。”

史金波解释:“一个将廿和七两个字刻在一起的活字，在排字时，把它倒着放在版心，所以印出的廿、七是反向的。如果把印好的这页纸倒过来看，就成了正向的廿、七。这就很清楚地证明确实是活字印刷。”

▲ 活字印刷品残页

▲ 活字印刷佐证

宋朝的活字印刷术为什么会出现在西夏呢？史金波推测，他们很有可能是依据《梦溪笔谈》里的造字法实践成功的。并且西夏在对中原文化兼收并蓄的基础上，还实现了一次印刷术的重大突破。

突破在什么地方呢？就是宋朝毕昇发明活字印刷指的是泥活字，沈括的《梦溪笔谈》记录得非常清楚，而且也记载了毕昇曾经做木活字印刷的实验没有成功。但是可以看到西夏确实有木活字印刷。

根据沈括的记载，毕昇在做活字印刷时也曾使用木头原料，但他失败了。直到元朝末年，也就是13世纪末的一本《农书》里才找到木活字的记载，所以木活字一直被认为是《农书》作者元朝科学家王祯的发明。

西夏文献的证据，改写了历史，把木活字印刷的发明时间向前推进了近200年。这也引起许多人的好奇，为什么在西夏这个偏远之地，印刷术能获得如此重大的发展与突破呢？

西夏是个广兴佛教的国家，为了推行教义，政府经常组织译经、施经的佛事活动。据记载，在一次规模宏大的施经活动中，散发的佛经量就达20万卷。佛经需求的旺盛，大大推动了西夏印刷术的发展。

但是因为发现的西夏文主要用于记录佛经，因此也有人断定，西夏文根本没有实用性，它其实只是一种宗教文字。

在俄罗斯东方研究所，史金波偶然间发现了一批没有被登录的文献，它们被作为无头无尾的卷子存放在110个盒子里。而史金波打开之后却眼前一亮，欣喜若狂。因为里面堆满了西夏的社会文书，其中有非常罕见的户籍、契约、军抄文书，和一些官府文书、法律诉讼文书等。

史金波说："这些东西很重要，绝大部分都是用西夏文的草书写的，所以当时的苏联专家没有把它注出来。"

史金波是目前中国唯一一位能够读懂西夏文草书的专家，他立即觉察出这些散乱文书的重大价值。这些由普通民众书写的文书，表明西夏文的应用范围十分广泛，并非只是一种宗教文字。它的内容真实展现了西夏社会的面貌。可是，这些重要的社会档案文书，为何变得残破不堪了呢？

史金波认为："可能是寺庙里把官府的一些档案拿来修补佛经，做了封面的衬纸。这些档案文书当时已被废弃，现在对我们来说可是宝贝。"

这批废弃文书，现在成了史金波解剖西夏社会的关键材料。其中提供的丰富社会信息，也使得西夏王朝为何最终走向末路的原因，变得清晰起来。

史金波称："这些社会文书大量出自西夏晚期。在军抄文书的名册中，发

▲ 西夏社会文书残页

现有六七十岁的人，还有一些 80 多岁的人，甚至有 90 多岁的人。西夏规定 15 ~ 70 岁为丁，70 岁以后就不再入丁。但在西夏晚期，仍然把他们登记在册，说明军队已老龄化，标志军队的战斗力大为减弱。”

西夏后期，这个马背上的民族开始注重文教，军力却大不如前。而此时蒙古已崛起于漠北并图谋中原，其矛头首先指向了途经之地的西夏王朝。在 22 年的时间里，蒙古先后六征西夏。1227 年，西夏这个统治了西北地区 190 年的王朝，最终土崩瓦解。一代天骄成吉思汗也在此次征伐中，因病与西夏同归于尽。

成吉思汗死后，蒙古大军血腥屠城，并对西夏文化进行了破坏与清洗。从此，一个曾经强大的王朝从地平线上消失了。

在蒙古军队的屠刀下，人们认为党项人已经被灭绝，事实真的如此吗？

1981 年，史金波和同事根据史书记载的有限线索，在安徽等地几经周折终于找到了繁衍至今的西夏后裔，并且找到了两部可以互为佐证的家谱，这是第一次找到有具体文献记载的西夏后裔。他们已经悄悄地、自然地汇合于中华民族之中。

目前，史金波在逐步完成他的心愿：俄藏黑水城文献已经基本回归故土，中国藏的西夏文献也全部出版。几十年来，史金波由表及里，一层层地走近西夏王朝核心秘密的经历，赋予了他人生不同的含义，他似乎成了一位精神籍贯上的西夏人。

▲ 精神籍贯上的西夏人——史金波

夜郎古国，作为中华民族灿烂文化的一个组成部分，它的人文价值正在为世人所看重。

夜郎国

一段时间以来，湖南、云南、贵州、四川等省的一些地、县纷纷要求更名为“夜郎”；在川南、滇东的一些地方也不断传出该地即为夜郎故地的种种说法。那么，这个已经消失了约2000年的西南边陲小国究竟是一个怎样的国度？为什么千载之后仍有这样大的名气以至于人们争相与之“攀亲”呢？

许多人对“夜郎自大”这一成语并不陌生，其典故出自于《史记·西南夷列传》。《现代汉语词典》对“夜郎自大”是这样注释的：汉朝西南邻国中，夜郎国最大。夜郎国的国君问汉朝使臣道：“是你们汉朝大呢？还是我们夜郎国大呢？”后来人们就用“夜郎自大”比喻妄自尊大。然而时至今日，当楚文化、滇文化、南越文化和巴蜀文化以自身独特的魅力为人们日渐倾仰的时候，地理位置上处于四者之间的夜郎国却仍是“犹抱琵琶半遮面”，人们无不希望早日揭开那层神秘的面纱，一睹其“庐山真面目”。

▲ 发现于民间尚待考证、鉴定的夜郎王印

一、雄踞西南

夜郎国的历史大致起于战国，亡于西汉成帝和平年间，前后约300年。在距今2000多年前的战国时期，中原民族把居住于现云南、贵州及川西的少数民族统称作“西南夷”，夜郎国就是“西南夷”中几个有名的大帮国之一。如司马迁《史记·西南夷列传》载：“西南夷君长以什数，夜郎最大；其西靡莫之属以什数，滇最大；自滇以北君长以什数，邛都最大。”而就夜郎国强大到什么程度，则偶有零星史料记述：当时的夜郎国有精兵10万、满坝良田……这也正是夜郎王敢与汉使“叫板”的原因所在。到了西汉末年，夜郎国由于与其南方的另一小国发生争斗，且不服从汉王朝派来官员的调解，闹到后来最终国破人亡。自此，夜郎古国退出了历史舞台。

那么，夜郎国的具体位置又在哪里呢？

司马迁《史记·西南夷列传》载：“夜郎者临牂羊柯江，江广百余步足以行船”。

东汉学者在注解《汉书·地理志》时，将夜郎国北边的疆域划到了今四川省成都市一带。

《后汉书》称夜郎国界东至广东、广西一线，北达今四川省西昌市、攀枝花市一带。

明朝，人们对夜郎国地域范围的划分更是出现了10多种不同的说法。

> **《后汉书》**：由南朝历史学家范晔编撰的一部记载东汉历史的纪传体史书，与《史记》《汉书》《三国志》合称“前四史”。书中分十纪、八十列传和八志，记载了从光武帝刘秀起至汉献帝的195年历史。是一部记载东汉历史的纪传体断代史，也是“二十四史”之一。

……

近几年，随着考古发掘的深入，一种新的观点正逐渐得到更多的认同，即夜郎国的中心区域位于贵州西部的北盘江和南盘江之间。

二、留名千载

夜郎国虽在西汉末年就消失了，但“夜郎”这个名字作为地名却又被使

▲ 贵州省威宁县中水镇出土的穿孔石刀

▲ 贵州省威宁县中水镇出土的仍然锋利的青铜箭镞

用了千年之久：就在夜郎灭国300多年后，西晋在今贵州北盘江上游地区设置了夜郎郡，这一行政区划一直存续了200多年，直至南北朝时才废掉；又过了约300年，唐朝曾在今贵州的石阡、正安及湖南的新晃等地先后设置过夜郎县，期间还曾将贵州桐梓一带的珍州改名为夜郎郡；到了北宋时期，北宋朝廷又在今湖南省新晃侗族自治县一带短时间（约10余年）设置过夜郎县，成为历史上最后以“夜郎”命名的地方。这也就难怪会在唐朝大诗人李白的诗中频频出现“夜郎”这个地名了，但人们必须明白一点，此“夜郎”已非彼“夜郎”矣。

但是，真正使“夜郎”得以千载留名主要应归功于“夜郎自大”这个成语，2000多年的刀笔雕琢已使其认知度和使用率均达到了一定的高度。因此不管好也好、坏也好，褒也好、贬也好……它具备了当今社会最为吃香的“名‘词’效应”，按照“一人得道，鸡犬升天”的逻辑思维，争论不休、竞相“攀亲”也就当怪不怪了。

▲ 李白

农民在田间发现离奇铜器的消息不胫而走，这引起了考古工作者的重视。

古鱼国

一、村主任杨列无意中刨到了一个土坑

开始，杨列并没在意夹杂在泥土里的零散马骨，刨到后随手就扔到了远处，黄土地里似乎有更为神秘的东西在召唤他，随着挥舞的锄头落地，迸出了清脆的响声，杨列弯腰察看，发现了一块古怪的铜疙瘩。

他用手扒拉掉泥土，发现这块铜疙瘩非同一般，上面居然镂刻着细密的花纹。

村民们停下手中的农活，闻声聚拢而来。

他们对此产生了浓厚的兴趣，纷纷用手刨开泥土。不久，竟然刨出了更多形态诡异的铜疙瘩。

敦厚老实的村民一时间不知所措，他们盘腿坐在田埂，商量怎样处理这些古怪的铜器。

更让他们担忧的是，这也许意味着一种不祥的征兆：这些古怪的铜器会不会带有某种远古的诅咒呢？

陕西省宝鸡市文管所的所长李仲操，当即派遣大学毕业未久的卢连成前往茹家庄。

当卢连成风尘仆仆赶到现场的时候，村民们仍旧围在铜器的周围，每个

人都对铜器投以惊奇的目光，期待专家前来揭开其中的谜底。卢连成回忆说：“到了现场一看，出土铜构件的地方，马骨头已经露出来了，而且有些马骨头已经从坑里被取出来，凌乱地散置在坑边。”

从村民结结巴巴的描述之中，似乎难以获取有用的线索。

卢连成走到土坑旁拣起那些铜疙瘩，根据考古常识判断出，这些绿锈斑驳的铜疙瘩是小型的青铜构件。

茹家庄是西周遗存和墓葬分布密集的地区，而青铜构件又是比较典型的西周器物，卢连成判断，他们的脚底下极有可能埋藏着西周时期的遗存。但是，他并没有意识到，这些青铜构件仅是冰山一角，一个史籍失载的古国即将显露面貌。

二、手铲“叩开”远古时代的遗迹

卢连成首先清理出车轮印痕，它位于土坑边缘。紧接着，在手铲的拨弄下，一些骨头逐渐脱离出泥土，这些泛黄的骨头从外观看来不像人骨，而是某种动物的骨骼，而后，愈来愈多的骨头出土，大体能够拼凑出马的骨架。

加上刚才的车轮印痕，卢连成基本能够断定，目前清理的是一座陪葬车马坑。

就在此时，令人诧异的情况出现了。

卢连成仔细端详手中泛黄的马骨，不知为何，马骨都带有一些损伤。

在编号为茹家庄1号车马坑的坑底，陆续出土了6匹马骨架。令人不解的是，马骨交叉错位，布局极其凌乱。

对于马骨凌乱的原因，专家们设想的第一种可能情况是：在埋葬车马的时候，其布局形制还是完好的，但是随着马的尸

▲ 茹家庄1号车马坑1号车青铜器

体逐渐腐烂，原本填实的土坑出现了空隙，日久时长，墓土因为缺少支撑而自然坍塌，由此导致马骨的凌乱。

宝鸡市博物馆的胡智生认为，土逐年来塌得很实，所以把马骨架都压得变形了，导致马骨架有些地方折断、变形，或者移位的情况，这是凌乱造成的基本原因。

但是，随着挖掘工作的进展，这样的观点受到很大的质疑。

考古工作者在邻近区域又挖掘出一座同时期的车马坑，这座编号为3号车马坑的形制规模与先前挖掘的1号坑类似，然而，3号车马坑却保存得极其完好。胡智生介绍说："3号车马坑里一共有6匹马，马摆放得非常整齐，都在车辕杆的左右。"

如果按照原先的解释，3号车马坑同样也会遇到由于尸体腐朽而导致墓土坍塌的现象，但这里出土的马骨并不凌乱，看来墓土坍塌并不是导致车马坑马骨凌乱的主导原因。

一种不祥的预感笼罩在卢连成心头，他想到了第二种情况，根据以往的经验，凌乱的主导原因常常来自于盗墓，考古专家将其称为"扰洞"。

卢连成解释说："如果经过盗扰，这个遗物骨骸部分移动是有可能的。"

宝鸡地处关中地区，是西周文明的发祥之地，历史悠久，出土文物众多，所以时常受到盗墓贼的光顾。

胡智生介绍说："要是有盗墓贼，就会把好多原来的现象扰乱得面目全非。我们在考古发掘中遇到过这种情况，比如说有些墓葬发现了盗洞，肯定在这个墓室里面，盗墓贼进去乱挖一气，见什么东西都取，所以把里边原来的存放物和下葬的位置都移动了，甚至破坏了。"

盗墓者在搜寻地下珍宝的时候，是不会考虑文物保护问题的，他们经常为了偷盗的顺利而随意搅乱坑穴。这会不会是导致车马坑凌乱的主要原因呢？

卢连成难以克制自己的担忧，如果1号车马坑真的是因为盗墓而变得凌乱，那不仅意味着考古工作将白费功夫，更重要的是，国宝也可能因此流失。

这种情形当然是考古队员最不愿意见到的。

按照考古学常识，车马坑作为陪葬坑，其附近必然有重要的墓葬，也就是拥有这些车马的主人的墓葬。墓葬究竟埋在哪里？他们有没有遭遇盗墓者呢？卢连成急于找到问题的答案。

三、希望得到新的线索

有一个奇特的现象引起了卢连成的注意，村民告诉他，这片梯田不适合种植庄稼，原因是这里的土壤与别处不同。

卢连成回忆说："据生产队社员介绍，挖这块地的时候土质很硬。"

职业的敏感让卢连成意识到这里面大有文章，坚硬的土壤令农民苦不堪言，但是对于考古工作者而言，却是个好兆头，它透露了某种重要的信息。因为这种夯砸的土同一般的黄土不一样，结构很致密，而且经过人为的夯打，所以硬度比普通黄土硬度要高得多，而且土里夹杂着一些五花的花点。这个夯土是一个重新构筑的墓土，所以它的成分也和纯天然的黄土不太一样，夹杂了一些炭渣、五花土和其他的陶片。

考古钻探工作重新展开，他们用皮尺圈出老乡指认的硬实土壤的范围，用白灰在黄土台塬上画出重点清理的方位。

密布的探眼呈梅花状散落在开阔的台地上，在这种密集探寻下，任何蛛丝马迹都难以逃脱考古工作者的眼睛，急叩的洛阳铲犹如考古队员此刻的心情。很快，钻探工作有了突破性进展。

卢连成回忆说："最后就发现在车马坑的背后，紧挨着黄土台塬的塬背，发现有夯土的遗迹，这种夯土很像是墓土。当时看到这种情况以后，基本就确定了车马坑的主墓应该就在这个地方。"

从白灰勾勒的墓土范围来看，主墓室带有一

黄土台塬：黄土台塬是由黄土覆盖在河谷阶地台面上，沿河谷呈长条状分布的黄土台面。台面一般向河谷倾斜，它的形成受河流发育的控制，黄土层下伏一般为河流冲积相堆积物。

条墓道，这是一个典型的甲字形大墓。

四、向世人掀开神秘面纱

值得庆幸的是，1 号墓保存良好，并没有遭受盗扰。

随着考古工作的推进，先前对盗墓的忧虑，转变为对考古发掘成果的期盼。

▲ 茹家庄 1、2 号墓出土的玉璜、鱼、虎

◀ 茹家庄 1 号墓出土的玉鹿

◀ 茹家庄 1 号墓出土的玉牛、鹿、兔

一天，考古人员进行日常的墓室清理工作，卢连成的脚底似乎踩到什么东西。胡智生回忆说：“就在这个过程中，我们工作人员听到好像有响声，这个响声很奇怪，好像是下面有器物，像陪葬的器物损坏的声音，我们当时非常吃惊。”

考古队员急忙爬上墓坑。

这种声响意味着墓底下埋有玉器、骨架之类的东西，继续踩在墓底进行清理显然是不行的，那样会对文物造成损毁。

卢连成急中生智，他从附近的老乡家里借来几根长圆木。经过同伴的帮助，卢连成在墓坑顶部架上圆木，形成一定的支撑，随后他趴在木架上，双手腾空清理墓底的泥土。

就在这样艰苦的条件下，棺椁的痕迹逐渐被清理了出来。

虽然3000多年过去了，棺椁的木质已经完全腐烂，但是，仍可以看见当初的墓葬形制。

茹家庄1号墓的墓室分为甲乙两个椁室，分别埋葬着两具尸体。

考古队员首先将关注的焦点集中在主墓室的乙椁室。

卢连成回忆说：“1号墓的尸骨保存得非常不好，在内棺隐隐约约可以看到，骨骼腐朽以后有一些黄色的骨粉，可以看出墓主人是仰身直肢葬，但是没有一块骨头可以拿到手里。根据墓主人大量随葬兵器的情况，我们基本判断1号墓墓主应该是男性。”

随后出土的青铜短剑，不失权势和威猛。

甲椁室位于1号墓墓室西部，体积略小于乙椁室。这里还残留了部分骨骼。

就在骨骼附近的泥土中，考古队员发现了异常现象：“当时发掘到了人的身体部位了，当这个泥块掀起来以后，墓主的身上，可见在原来在下葬的时候，都是穿着很漂亮的丝绸，这些丝绸经过了3000年肯定已经都腐朽得不像样子了，但是当时丝绸衣服的腐朽痕迹又留在淤泥上面，因为那具尸体上覆盖了好多稀泥，把淤泥拿起来以后，丝绸就黏在泥巴上面了，它的这个纹饰

▲ 茹家庄1号墓出土的丝织物印痕

很细，很清楚，而且更重要的就是刺绣的针脚都能看到。”

显然，甲椁室埋葬的是一位西周的女子。

茹家庄1号墓的两位墓主虽然尸骨已朽，但是一男一女的身份确认无疑。

考古人员做出了初步的判断——这是一座夫妻合葬墓。

如果考古人员判断正确，这对夫妻是何许人物？他们又有着怎样显赫的地位呢？

五、众多未解谜团

要揭开古墓的秘密，首先要从墓底出土的青铜器说起。

对出土文物进行清理是考古工作最为关键的时刻。由于青铜器出土时已经严重锈蚀，他们必须仔细轻剔，以免意外造成损伤。刷子小心翼翼地清扫着每一件器物，同时不能漏过任何一个重要的细节。茹家庄1号墓的墓主究竟是谁，需要从这里找到证据。

考古学者无暇欣赏纹饰精美、造型庄重的青铜器，牵动着他们神经的是青铜器上的铭文。

铭文是7个古怪的文字，起首的那个字应当是墓主人的姓氏，但它早已不在现代汉字的范畴之内。

卢连成介绍，当时这个字出来以后，我们主要就考虑到它主体就是鱼，旁边从弓从鱼，所以发“鱼”声。铭文里有鱼伯作器，或者鱼伯为其他贵族作器，所以我们基本就确定了茹家庄1号墓就是鱼伯自己的墓葬。

那么铭文上提及的鱼伯究竟是谁？他在3000多年前的西周又是怎样的一个人物呢？青铜器铭文虽然交代了墓主人的姓氏，但是仅此并不足以对墓主的身份进行考证。

卢连成想起了一个重要的细节：在挖掘车马坑的时候，他发现马骨附近有一些奇怪的印痕，很像是苇席的纹理，这说明殉马入葬时被苇席包裹住，属于一种级别较高的入葬方式。

墓葬还有一个典型特征，就是它带有一条墓道。在礼制森严的西周时期，墓道可不是轻易能够设置的。

卢连成介绍说：“贵族墓葬到了一定身份，它应该有墓道，因为墓葬形制是表明贵族等级的一个重要标志，比较高级的贵族应该都是带有一条墓道，我们称之为甲字形大墓。”

更为有力的证据出现在茹家庄那个埋葬女性尸体的椁室里，就在那里出土了五鼎四簋的青铜礼器组合，这批青铜器器形低矮，带有兽头，口沿上刻着一个奇特的文字。卢连成介绍说，在鼎和簋的口沿上有铸造的文字，就是“儿”字的儿，我们称之为“倪”。

这名倪姓女子显然是青铜礼器的主人，可如今，尸骨皆已粉化。

卢连成介绍说：“我们当时推测茹家庄的墓主人身份，大概应当是五鼎四

▲ 茹家庄 1 号墓出土的青铜鼎、簋

簋一级这样的诸侯，这个鱼伯呢，基本上可以把他确定为西周，就是关中西部，畿内的一个异姓诸侯国的小国国君。

那么这名倪姓的女子肯定是鱼伯的正妻，他们生前恩爱，死后也不愿意分离，共同埋葬在一个墓室里，所以，茹家庄 1 号墓是鱼国国君夫妇的合葬墓。

但是，此时做出结论似乎为时过早。

就在考古队员为取得的成果感到欣喜的时候，接踵而至的清理工作却让他们的心头蒙上了一层阴影。

在卢连成看来，鱼国的墓葬发掘有很多奇特的现象。

考古工作者在清理墓道时，首先挖出了一块块支离破碎的骨头。

这些骨头散乱在墓道中，最终拼凑出了一个人的形状，所以显得十分离奇。

六、焚烧竹节，肢解奴隶作为人殉

在古墓的墓道，考古人员用发掘出的散乱人骨，拼凑出一个人的形状。

这个人是谁呢?

按照一般的经验，这可能是盗墓贼的尸骨，他们进入墓室偷盗，最终受到墓主人的诅咒，未能活着离开，倒毙在墓道口。

但是，考古队员又在人骨的附近发现了难以解释的现象：他们清理散乱的骨架时，无意中挖到一些碳化物质，碳化物质还保留着原初的形状。

这是一些竹节，是被火焚烧后的竹节，这些竹节表明了这里曾经举行过某种神秘的宗教仪式。

胡智生介绍说："在这个墓道的上侧，就是墓口那个地方，在发掘的时候发现了一堆燃烧了的竹节的痕迹，没有燃完的竹节已经炭化了，而竹子在举行封墓的时候，它被用来举行仪式。"

这些不寻常的现象令考古学者想起早先发掘的1号车马坑：它那种令人诧异的情况，马骨的摆布并不整齐。之前考古专家曾经做了种种推断，都没有找到适当的理由，来论证马骨交叉叠压、布局凌乱的原因。

而此时，他们又提出了1号车马坑马骨凌乱的第三种解释。

胡智生分析说："像1号坑马的骨架比较凌乱，说明马是活殉的，在填土的时候，马挣扎，向一个地方奔跑，其腿骨、头骨都是在不同方向有明显的挣扎动态，这就是造成马骨比较凌乱的一个原因。"

同样，茹家庄1号墓的墓道口也出现了这种凌乱分布的骨骼。根据考古现场的情况分析：骨骼散乱在墓道中，其头骨与肢骨的位置相距甚远。骨骼附近发现被火焚烧过的竹子碳痕，竹节保存良好。

卢连成初步推断：茹家庄鱼国墓地在进行墓口封实前，曾举行过某种殉葬仪式，焚烧竹节，肢解奴隶作为人殉。

人殉，这是一个大胆的推测。

卢连成说："因为西周的资料表明，基本上到康昭以后，尤其到穆王阶段，在京畿范围以内（主要是丰镐，包括周原）高级贵族的墓葬很少有殉奴的情况。"

考古学者需要新的证据来支持自己的推论。

丰镐：西周都城遗址。丰镐是西周文王所建丰京和武王所建镐京的合称，丰在河西，镐在河东。位于西安市长安区马王镇、斗门镇一带的沣河两岸。

紧接着，他们在茹家庄1号墓的二层台地上发现了一个双手被缚的人体骨骼，这个人体骨骼扭曲着身姿，双手蜷伏胸前，仿佛在展现生前的痛苦。他可能就是一个殉奴。

被发掘出来的殉奴越来越多。1号墓中发现有奴隶骨架7具，2具在墓道口的填土中，5具在二层台上。

3000多年过去了，这些命运凄惨的殉奴们一直伴随着他们的主人。西周时期的古鱼国，具有较高地位的奴隶主贵族普遍保留着人殉这种野蛮落后的习俗。

面对累累白骨，后人为之震惊。

人殉的出现有着非同寻常的意义，这将是一个重要证据，使卢连成对先前的推断产生了怀疑。

七、对墓主身份产生怀疑

卢连成发觉茹家庄1号墓的主墓室内，甲乙椁室一大一小并排安置，口沿平齐，椁室上层的夯土层次清晰，没有任何搅乱和相互打破的现象。

这到底意味着什么？

卢连成分析："1号墓的椁室没有打破的情况，即椁室是一次构筑成的。然后在椁室中间加上横挡的厢板，把椁室分为一个大椁室和一个小椁室，但总体结构它是一个椁室。另外，上面的夯土没有扰乱和打破的情景，如果夯土有打破的情景，那有可能是晚于鱼伯的二次再葬，就是等他死了以后，再跟鱼伯二次合葬。"

但是夯土没有被打破的情况，椁室是一个完整的结构。

很显然，这位倪姓女子与鱼伯应该是同一次下葬的。

于是，两人的关系再次成了谜案。

卢连成解释道："人不太可能同时死，因为个人的情况不同，在同一天同一个时辰先后谢世概率极小。在同一个时段，一次下葬，那么必有一人是属于陪死殉葬的性质。”

茹家庄1号墓甲椁室的倪姓墓主身份，由此变得扑朔迷离起来。

她如果是殉奴的话，在等级森严的西周，不可能享有如此高级别的墓葬规格。

如果按照先前的推断，她是鱼伯的正妻，那么这种正妻殉葬的制度也显得匪夷所思。

这个倪姓墓主究竟是谁呢？

谜团一个接着一个，就在考古学者因倪姓墓主的身份确认而饱受困扰时，又有新的疑点出现了。

考古队员清理1号墓墓边时，无意中又发现了一个墓葬，他们将其称为茹家庄2号墓。

经过测量后，人们发现两座墓挨得如此紧密，以至于在挖掘2号墓时，侵占了1号墓的墓室边缘。

挖掘工作又紧张地展开了。

有了以往的经验，茹家庄2号墓的清理挖掘变得非常顺利，卢连成希望尽快了解这两座墓之间的关系，他回忆说：“在挖2号墓墓室的时候，它的一角打破了鱼伯墓的一侧，这个打破关系就证明两座墓，有时代早晚的联系，2号墓晚，在构筑2号墓的时候打破了1号墓的一角，那么2号墓主人是比1号墓主人要晚一点去世。”

茹家庄2号墓是一座形制较大的墓葬。墓中共出土刻有铭文的青铜器10件，多数为鱼伯为井姬作器。

2号墓中青铜礼器众多，这表明井姬生前的地位十分显耀。

卢连成介绍说：“井姬，井是周公的后裔。西周金文经常见到的井伯、井叔，还有井姬，尤其是井伯和井叔从西周中期就是王朝的执政大臣，辅佐周王处理政事，就等于是王朝非常显赫的重要卿士，是重要的贵族。至于井姬呢，我们分析有可能是井伯家族，或者是井叔家族，他的其中一代女儿嫁给了这个鱼国的国君，作为鱼国国君的夫人，也就是正妻。”

▲ 茹家庄 1 号墓出土的青铜鸟尊

◀ 茹家庄 1 号墓出土的青铜象尊

那么，为鱼伯殉死的女子，也就是青铜器铭文所示的“儿”，其身份绝非正妻。

卢连成判断，1 号墓旁边的倪姓墓主，基本可以确定就是为墓主鱼伯殉葬的，是墓主鱼伯的一个姬妾。

由此，一幅凄惨的图景被考古学者勾勒出来。

这位倪姓女子可能是西周某个小方国的诸侯的女儿，她嫁给鱼伯为妾。非姬姓的鱼伯受西周王室册封后，为了在周人的京畿之地立足，试图通过婚姻外交，来巩固自己的地位，他将目光转向东邻的井国。井国由周公旦的后嫡执政，井侯曾在周王室任卿士，辅佐天子，于是，鱼伯便迎娶井侯之女为正妻，以求附庸姬周的皇亲国戚而生存。

今天，我们无从知晓 3000 多年前的鱼伯家族内部发生过怎样的争宠夺利，但有一点可以肯定，鱼伯过世后，长眠于茹家庄的墓地，悲惨的命运随即落到倪妾的头上，她被残忍地殉葬了。

八、卢连成陷入了困境

1975年8月的一个夜晚，考古队员连夜清理茹家庄鱼国墓地出土的青铜器。

如果青铜器铭文上的鱼伯与井姬确有其人，如果史籍失载的鱼国真实存在，而鱼伯和井姬就是这个西周王畿之内的异姓方国的统治者，那么，他们不可能独自存在，鱼伯家族应当有完整的应承关系。

只有找到不同时代的鱼伯墓葬，才能建构一个王室家族的历史脉络。

其实这个问题早已被卢连成察觉到了，但是他一时找不到考古学上的证据。卢连成介绍，就是在发现茹家庄的鱼伯墓和他的夫人井姬墓以后，当时在他们脑海里经常盘旋一个问题，因为西周社会是一个以血缘关系为纽带的、家族结构很紧密的社会形态，所以有鱼国国君的墓葬，那与他同一宗族的其他贵族的墓葬在哪里，鱼国的封国以内，平民的墓葬又在哪里？这是一直探

▲ 茹家庄墓地出土的青铜人

索的一个问题。

就在茹家庄的发掘工作即将结束之际，考古队员又马不停蹄地沿着清姜江两岸，沿着冯家塬的台地，沿着秦岭北麓一些浅山坡和丘陵地带进行勘探和调查。考古队走遍了数十个西周遗址区，但是，历时数年的勘察工作未见任何成效。

卢连成陷入了困境，找不到历代鱼伯的家族墓葬，就无法证明鱼国的真实存在。

然而，一次偶然的机会却扭转了卢连成的困境。

1976年10月5日，在距离茹家庄3千米外的竹园沟村，村民们在田间劳动时发现了土壤中的异物，他们扒开土层，黄土下赫然露出一个黑黝黝的洞口，有人拿着手电筒往洞里探照，可以看见洞里面有一些形状诡异的器物。

考古队员闻讯后急匆匆地赶赴现场。

有了茹家庄墓地发掘的经验，卢连成在指挥竹园沟墓地挖掘时显得胸有成竹，考古工作有条不紊地进行着。

逐渐，一些青铜器露出了土面。卢连成回忆说："非常可喜的是，在发掘竹园沟4号墓的时候，墓里出土了大量青铜礼器，青铜礼器的铭文表明墓主叫鱼季，鱼季墓年代大概在昭王时代，就是比西周早期稍微偏晚一点。"

而更令人惊喜的是，又是一次偶然的发现使一处鱼国墓葬群进入考古队员的视野，宝鸡市西部的纸坊头村，是西周遗址和墓葬比较密集的地区，当年，胡智生在这里主持了纸坊头鱼国墓地的挖掘工作，这些青铜器器形较大，纹饰清晰，在阁楼深处依稀发出黝黑的冷光，只有大型墓葬才能出土如此雄伟的青铜器，胡智生立刻意识到这又是一个重要发现。

卢连成介绍说："纸坊头的铜器铭文自称为鱼伯、鱼伯作器、鱼伯自作用簋，从铭文的体例，从器型、花纹，从墓葬的形制规范的情况看，我们把它认为是迄今为止在宝鸡地区鱼国墓地中最早的一代国君。他的活动年代基本是文王晚期到武王，估计墓葬下葬的年代可能到成王的初年。”

纸坊头鱼国墓地在渭水北岸，墓中出土的青铜器庄重雄伟，呈现出一派蓬勃繁荣的景象。

竹园沟鱼国墓地则退至渭水南岸，活动年代大约在西周康昭时期。

茹家庄鱼伯墓地晚至穆王初年，这时已经呈现出全然衰败的景象，而且有逐渐往南方退让的趋势。

至此，已经基本理清鱼国国君的世系。

但是，这个非姬姓的方国从何处而来；他们在西周王畿之内生存了多久；有没有可能找到年代更晚的鱼国国君墓地呢？

当考古工作者在清理茹家庄墓地时，发现在二层台地上填埋着花岗岩砾石块，这些砾石块，也有一些散放在墓主周围或者铺垫在尸体下。石块多呈椭圆形，大小不等，未经加工，均采自清姜河。

卢连成介绍：“在墓葬、椁室和墓室里都发现有砾石块，这种砾石块应该是当时埋葬的一种习俗，在椁室、墓室里摆放这个砾石的这种葬俗，不是周人的葬俗。”

仅仅通过砾石殉葬的葬俗还不足以判断鱼国的族源。

考古队员将视线又转向鱼国墓地出土的其他文物上，他们修补了林林总总的陶罐，试图从这里找到解决问题的突破口。

卢连成说：“这套生活用品同周原地区，特别是同周原传统地区的下层士人族人的差异，就提醒了我们可能他是来自不同的一个民族。”

这些生活常用的钵形尖底罐，是一种地域文化特征极强的器物，它们很少见于典型的周人遗址和墓地，却多见于四川新繁、广汉早期蜀人遗址。

鱼国墓地遗物呈现出早期巴蜀文化的某些特征。

胡智生介绍说：“鱼国的这个部族是怎么来的也有一种说法，就是这个部族的文化是从秦岭以南，越过秦岭到了秦岭的北麓，进入关中西部。”

鱼国，这个史籍失传的古国，在田野考古中逐渐复原出它的面貌。

考古专家在假想它命运的时候，不由地感到担忧，因为很多年过去了，再也没有发现有关鱼国的其他遗迹，难道它消失了吗？

九、令人惊奇的是墓室内并没有发现棺椁

在墓穴西北角有一个生土台，台上有人骨架一具。

卢连成介绍说：“尸体的骨骼保存非常完好，是个壮年男性，在发掘过程中间，我们发现这个骨骼颈部有皮条缠勒的痕迹，颈上的皮条经过两三千年腐朽以后，留下发灰白的这样一种痕迹，在颈部的留存特别明显，现场观察，好像是一具被皮条勒死的尸体放在墓中的夯土之中。”

这是一座带有三级台阶斜坡墓道的甲字形大墓。

从它的墓道来看，其等级应当与茹家庄1号墓相似。

这座神秘墓葬是为谁建造的呢？

紧接着，考古人员继续往下挖掘，试图找到一些随葬品，但是一直挖到墓底，也没有发现任何葬具和器物。卢连成考虑这个墓可能是一个空墓。但是究竟是怎么一个含义？当时理解起来是颇费脑筋的。

而且，墓中的骨骼究竟是谁，他怎么会被人勒死，埋葬在这里呢？

胡智生认为，这是个奴隶，为什么我们说他是奴隶？因为根本没有任何棺椁。而且这个骨架发掘时候的痕迹，就是手上、胳膊上、腰间和腿上都有被腐朽的藤条、绳索捆绑的痕迹，那很显然是捆绑，再加上骨架痛苦挣扎的样子，很显然就是生殉的，就是活着把他捆绑了，扔到那个地方就开始填上，他绝不会是墓主人。

但是，卢连成对此论断颇为怀疑。

他带领考古队员反复研究神秘大墓的墓葬结构，从而提出了不同的观点。

卢连成说：“这个3号墓的墓主人身份，我个人认为可能是一代鱼国国君，也是一代亡国的鱼国国君。他在修筑墓葬的时候，这个国家仍然是存在的，但是墓葬修成了，还没有来得及举行隆重的下葬仪式，这个国家却出现了某种变故，所以这个墓实际上就等于没有按正常情况之下来使用。”

古鱼国，这个西周王畿之内受到册封的非姬姓诸侯国，其国君为了在周人的京畿之地立足，试图通过婚姻外交，以求附庸姬周的王室家族而生存，并且巩固自己的地位，但还是败于错综复杂的宗族斗争，鱼国最终难以逃脱亡国的厄运。

最后一代国君屈死在空旷的墓室中，没有任何人陪葬。

而鱼国的下层族人，很可能穿越秦岭，回到他们祖先的土地上去了。

一次看似平常的作业，一把挖渠掘井的铁锹，叩开了上古文明一扇沉睡的大门：一幅新石器时代人们生活、劳作的画面映入我们的眼帘。

越地春秋

8000 多年前的浙江宁绍平原上，一群栖息在这里的精壮强悍、断发文身的于越先民，过着架木缮草、傍水而居的原始生活。面对浩瀚无垠的宇宙，他们用混沌初开的眼睛对着太阳顶礼膜拜，用结茧的双手制作粗粝的陶器，驾驶着独木舟飞快地划过水面。

这个叫河姆渡的地方让西方人感觉既远如天方夜谭，又近得触手可及。同时，随着多处上古人类生活遗址的不断发现，长江流域史前文化的渊源关系变得复杂起来。

纵观此地，这里不仅是中华文明的发祥地之一，还从时间角度改变了长江流域“上古无史论”的说法。

一、傍水而居

河姆渡位于宁绍平原的东部，历史上一直是古越的属地。

1973 年夏，人们在这里与远古文明不期而遇。考古人员在这里发现了大量的骨耜、木耜等农耕工具、人工栽培稻谷遗存，还有令人惊叹不已的木建

河姆渡遗址：是中国南方早期新石器时代遗址，于1973年开始发掘，是我国目前已发现的最早的新石器时代文化遗址之一。

筑遗存，以及图画寓意深刻的象牙雕刻宗教艺术品。

这一切让人们意识到：中华文明由长江、黄河共同孕育，南方的远古文明并不落后于中原文化。

然而，在发掘过程中，考古人员惊奇地发现：河姆渡遗址文化出现断层，迄今7000年以前的人类生活文化信息却断然无存。

这到底是为什么？河姆渡文明来源于何处？谁是河姆渡人的祖先？

跨湖桥遗址位于宁绍平原西侧的萧山湘湖，历史上同样是古越的属地。

无独有偶。1990—2003年，文物考古部门在对跨湖桥史前遗址进行发掘时，惊讶地发现，这处比河姆渡文化提前了1000年左右的史前文化也出现了断层，这到底又是为什么？

▲ 跨湖桥遗址发掘区

跨湖桥遗址的烧土面遗迹 ▶

2005年元月，浙江省文物考古研究所为了解开这些谜团，对位于曹娥江上游河谷平原的小黄山史前遗址进行了发掘，并出土了大量的陶器。通过科技检测，该遗址的上限时间可以追溯到9000—1万多年前，比跨湖桥史前遗址又提前了1000多年。

小黄山遗址发掘出了大量的绳纹、镂孔和红底白彩等装饰感极强的原始陶片，人们再次震惊了——这竟然与跨湖桥同类陶器有着十分密切的传承发展关系。

▲ 跨湖桥遗址出土的木弓

▲ 跨湖桥遗址出土的石器、玉璜形饰

◀跨湖桥遗址出土的陶圈足盘和陶豆

考古专家表示："目前已经初露端倪，可以证明小黄山与跨湖桥遗址有关联，几乎可以断定，小黄山的继承者就是来自于跨湖桥的文化先民。"

专家进一步解释说："从陶器上可以看出二者之间的传承关系，因为跨湖桥遗址的上层，与河姆渡遗址的第四文化层有很多相同的地方，出土的陶器器皿可以反映出，河姆渡的早期先民正是来源于跨湖桥文化的先民，二者之间有着密切的传承关系，这是从物质文化层面反映出的共性。"

按照考古学的说法，在同一块土地上，在同样的自然地理环境中，不同历史时期的文化必然会有许多相似的地方。这无非有两个可能，一种是民族文化层面存在痕迹关系，另一种是在相同的自然环境中创造出了类似的文化。

▲ 下孙遗址出土的石块和陶器

那么，河姆渡、跨湖桥史前遗址文化为何会忽然出现断层呢？生活在这里的于越先民又去了哪里？

跨湖桥遗址附近的下孙遗址的发现似乎给出了答案。

考古人员发现下孙遗址的文物层厚度只有5厘米，并含有大量的贝壳碎屑，这是明显被潮水覆盖过的证据。而跨湖桥文物层厚度达36厘米，并有沼泽沉积物覆盖在文物层上。说明下孙遗址比跨湖桥遗址年代略早，因此专家推测，首先是跨湖桥人从别处移至下孙定居，后来，由于海水与潮汐波及下孙，跨湖桥人被迫离开，集体迁徙到了海拔较高的跨湖桥。

古地理学的研究成果表明，远古时期，中国东部远海曾发生过星轮虫、假轮虫和卷转虫3次海侵，在两次海侵之间还曾发生过大规模的海退。最后一次海侵一直延续到距今6000年前后。陆地面积伴随海水的前涌与退离发生了沧海桑田的巨变。

考古专家称，第一次海侵距今时间久远，对河姆渡地区影响有限，而第二次则对该地区的社会发展产生了较大影响。第二次海退的最后期限距今约15000年，也就是说在15000年以前，我国大陆海岸线要整体偏东600千米，而我们的先越文化就是在这片广袤的土地上发展起来的。

当海侵来临，由于海平面上升，导致宁绍平原地区水位上涨，最终沦为沼泽。随着海水逐渐淹没了跨湖桥与河姆渡人赖以生存的沼泽地，迫使这里的先民往南长途迁移。专家认为，这就是跨湖桥与河姆渡文化神秘消失的根本原因。

当第三次海侵来临时，由于海水沿河道上溯，宁绍平原早已成为一片水乡泽国，7000多年前的于越先民是怎样来适应这样的生存环境的呢？

在跨湖桥遗址中发掘出一具独木舟残骸以及大量木浆。该独木舟是用整棵马尾松加工而成的，残长约5.6米，由于另一端已被破坏，预计当年长度应在10米以上。考古学家推测，这里原来很可能是一处独木舟加工、修理现场。

专家说："这具独木舟是将整段木从中掏空，然后加工制作而成的，主要是作为当时社会的一种交通工具，此外也有捕鱼抓虾的功用。独木舟出现以后，扩大了人类不同部落、不同民族之间的文化交流，江河湖泊不再成为障碍。"

当原来的陆地被海水吞没后，许多越人乘木筏或独木舟漂洋出海，进行了多个方向的大规模远距离迁徙。

其中最有影响的一支迁徙到中原地区，很可能成了华夏民族的主干部分。最富有冒险精神的当属向海外发展的那一支，他们迎潮而进，足迹踏遍整个太平洋，在太平洋的许多岛屿上都曾发现越文化的器物。

除此之外，更多的人选择了另外两条路线：一条是越过钱塘江进入今浙西和苏南丘陵地区，这一支就是后来以苏南为中心的句吴；另一支则逐步向南部会稽、四明山区迁移，成为后来的于越部族。于越先民从此辗转于崎岖狭隘的以会稽山地为中心的浙东山地，过着"随陵陆而耕种，或逐禽鹿而给食"的迁徙农业和狩猎生活。

洪水前后的于越先民为了向大自然争取生存权，从被洪水撵得四处躲避到兵来将挡、水来土掩，最终获得了被他们视为冥冥之中的神祇授予的会稽山"绿卡"，从此傍水而居。于越先民在横跨洪水的几千年间，作为这片土地上的拓荒者，创造了辉煌灿烂的史前文化，也使这里成为中华文明的发祥地之一。

二、吴越争霸

2000 多年后，随着海侵的消退，于越先民从山地向冲积平原过渡，并在此安家落户、立邦建国。春秋末期，这里上演了一幕斗智斗勇、跌宕起伏、触目惊心的吴越争霸战。

公元前 484 年，吴国大夫伍子胥遭到被越国买通的太宰伯嚭诬陷，吴王夫差赐剑令其自刎。临死前，伍子胥对门客说："等我死后，将我的眼珠挖出来悬挂在吴国都城的东门楼上，让我看看越国军队怎样入城灭吴。"

与吴国毗邻而居的越国为何让伍子胥死不瞑目？它究竟是怎样一个国家呢？

越国地处中国南部山区的百越之地，据考证，"越"在中原古文字中是遥远的意思。因此，越国一直被中原知识分子讥笑为蛮夷之地。管仲在《管子・水地》中称于越百姓是生活在水乡泽国、断发文身的人群。此时的越国人仍然沿袭着数千年前河姆渡先民的生活习俗。

春秋中期以来，晋楚争霸激烈，晋国采用联吴制楚的策略。楚国醒悟后，也扶植与吴国相邻的越国来抗吴。由于春秋时期周天子威信下降，各诸侯国混战不断，天下烽烟四起，这正是一个被孔子称为天下无道、礼崩乐坏的时期。吴王阖闾乘越国丧乱之机，趁机驱兵攻越的行为就是"春秋无义战"的最好注脚。面对强敌，越王勾践没有退缩，而是调集精兵强将迎敌。在两次派敢死队冲锋失败后，勾践改用死囚在阵前集体自杀，乘吴军惊呆之际，发起冲击，在嘉兴西南的槜李大败吴军。越将灵姑浮戈击阖闾，斩落了阖闾的脚趾，阖闾死于逃亡途中。这便是历史上有名的"槜李之战"。

阖闾死后，夫差继位吴王，他日夜训练军队，立志要为父报仇雪恨。越王勾践心中十分清楚双方的实力悬殊，但他知道这一战不可避免，于是决定先发制人。

历史学者介绍："当时越国先搞突然袭击，越王勾践于公元前 494 年率领越国的军队奇袭吴国的都城，也就是现在的苏州。结果这一战越国战败，反被吴国攻打，勾践不得已向南逃窜，一直跑到现在的钱塘江边。两军又在这里进行了一场殊死决斗。”

这一战史称“夫椒之战”。

吴越两军交战于夫椒，越军大败。吴军乘胜追击，不久攻下越国都城，将勾践和他的五千将士团团围困在会稽山上，史称“堕会稽”。勾践走投无路，只得忍辱求和，从此越沦为吴的属国。公元前492年，勾践携夫人和范蠡去吴国做了人质，这是一次历史上最耻辱的远行。

姑苏台下养马的石屋，就是当年勾践的栖身之地。在吴国三年里，勾践每天早上喂马擦车，以备夫差乘坐；晚上栖身于石屋，为阖闾守墓。甚至以替吴王尝粪便判断病情为代价，来博取夫差的欢心。在这种人格分裂的折磨中，越王勾践完成了一次意志上的脱胎换骨，也最终获得了释放回国的机会。

勾践被吴王释放回国后，此时的越国饥荒不断，瘟疫肆虐，民不聊生，外部吴国时时监控打压，四周又有其他诸侯虎视。勾践面临着生存还是死亡的抉择。最终，挣扎在亡国边缘的勾践选择了死亡的对立面，理由很简单，饱受凌辱的越国人民需要生存，需要疗治心灵之伤，更需要雪耻复国。

可是，越国能翻盘吗？

三、十年生聚

春秋时期不乏儒家推崇的具有“士”精神的政客，但能够像范蠡和文种这种以死相报、委曲求全且多谋善断的人却不多见。由于范蠡、文种的努力，勾践也成了中国历史上唯一一位能够忍受巨大屈辱与折磨，在逆境中坚韧生存的王者。

文种是为勾践雪耻复国而生的谋士，他向勾践献上了灭吴七术。

历史学家解释：“文种所献的七条计策，用今天的眼光来看，其实就是一个综合战、总体战。他提出越国应该在战前，从经济战线、心理战线和外交战线等方面做好充分的准备。”

灭吴术中这样记载：勾践不断送给夫差和他的臣子优厚的礼物，表示忠心臣服，以消除他对越国的戒备。此术最终达到了目的。

勾践始终鞭策自己不要贪图安逸，每天都要品尝苦胆，晚上睡在柴薪上。期待着重写历史的勾践，在“卧薪尝胆”中让百姓坚信，他们拥有一个有志气的君王。获得了精神上支撑的越国，迅速走出了心理上的低谷。勾践开始一步一步地推行他的复仇计划。

这其中最主要的就是经济战。越国出产优质木材，勾践就拼命地往吴国送。那么，送给吴国做什么用？难道仅仅是为了讨好吴王吗？勾践的目的当然不会这样简单。在文种的计划中，吴国一旦有了木材，就必然需要四处招募能工巧匠，还要动用大量的资金去建造宫殿。这样一来，就能把吴国的国库耗尽，整个国家的经济秩序就会被打乱。

在这场经济战中，还包括收购吴国粮食，使之粮库空虚等策略。

不仅如此，勾践还采取了亲民政策，亲自到田里与百姓一起干活，他的夫人也带领妇女纺线织布，与喜欢穷兵黩武的夫差形成鲜明对比。这些同甘共苦的举动感动了越国民众，勾践的种种努力也终于赢得了回报：民众对他的支持。一个族群从此有了一个共同的诉求：复国雪耻。这正是史料记载中的“十年生聚、十年教训”。

所谓十年生聚，有许多具体内容。比如养精蓄锐、恢复元气；奖励生育，发展人口。当时规定，生一子给一头猪，生两子不仅给猪，还另给一条狗，狗在当时比猪要贵重。

十年教训指两个方面，第一是思想上的统一，大家一定要同仇敌忾，对吴国怀有仇恨；第二要打破越国对吴国的恐惧。

勾践的复国战略让越国人口得到快速增长，农业生产得到不断发展，国力也由此日益强盛起来。吴越两国的力量在此消彼长中慢慢失衡。

灭吴术中的反间计在中国历史上屡试不爽。首先勾践对夫差的宠臣伯嚭不惜代价地进行了贿赂拉拢。伍子胥看出了越国雪耻复国的雄心壮志，多次向夫差以死相谏杀了勾践，以绝后患。但夫差被越国君臣所蒙蔽，不但听不进伍子胥的忠言，反而日渐疏远他。伯嚭趁机从中挑拨他们的关系，使伍子胥与夫差之间的矛盾不断激化，达到“亲而离之”之效，最终激怒夫差赐死了伍子胥。越国就这样巧借夫差之手除去了吴国的一根顶梁柱。

历史学家对这条反间计给予了很大的肯定：“灭吴七术里，有两条是最重要的，一个是从经济上拖垮吴国，另一个就是从政治上麻痹和说分化对手，对敌人内部进行分化，从而达到消磨敌人斗志的目的。”

公元前 475 年，吴国发生空前的饥荒，勾践认为大举伐吴的时机已经成熟。越王勾践率领的 5 万雄师和吴王夫差率领的 6 万铁甲在笠泽江列阵对峙。就在双方僵持不下时，勾践命主力部队偃旗息鼓，潜行渡江，出其不意对吴军中央薄弱部位发起猛攻。夫差措手不及，吴军中央部队因此陷入混乱，难以招架越军主力军的疯狂攻击，越军部队步步追击。如此一来，吴军全线崩溃，只得退逃至姑苏城。越国军队一路势如破竹，很快兵临姑苏城下。

公元前 473 年，越军在将吴都包围两年之后，终于攻入姑苏。夫差绝望自杀，吴国灭亡。

越王台，位于绍兴城区卧龙山东南麓，是后人为缅怀越王勾践卧薪尝胆复国雪耻而建。越军挟灭吴的余威渡淮北上，驱兵山东，将琅玡作为军事中心，展开了一系列的争霸行动，终于在徐州与诸侯会盟，成就了春秋时期最后一个霸主梦。

越王勾践和他的臣民在人格分裂的折磨中，为了向吴王夫差及其他诸侯国争取国家和人民的生存权，从阶下囚成为精神上的角斗士，最终打败吴国称雄诸侯。

几百年后，这片土壤又产生了王充这种提倡科学自然主义世界观的先行者，以及像马臻这种用理论武装起来的知识性官员，并和于越人民一起成功将科学理论转化为生产力，开启了用科技知识改造自然、造福百姓的先河。

四、悲情北迁

一个大雾弥漫的清晨，一块巨大的陨石落在了东郡，上面刻有“始皇死而地分”的文字。紧接着在这年秋天，又传出了“今年祖龙死”的咒语。

这些事无疑触动了秦始皇那根最脆弱的神经。他找人卜了一卦，占卜师说，“东南有天子气”，意思就是东南越地要造反。

秦始皇大怒，下令把陨石降落地区的民众，全部诛杀！这一事件，引起了很大的社会轰动效应。

公元前210年，秦始皇以出巡的姿态忧心忡忡地来到了绍兴。据《史记》记载，秦始皇到了绍兴后，上会稽，祭大禹，望于南海。

秦望山，相传秦始皇曾攀登此山峰。面对古越大地，秦始皇颇生感慨。

这是他第五次巡游江南，但这一次和前几次很不同，在绍兴的那些日子，寝食不安的秦始皇做出了一个严酷的决定：强迫越族移民到浙江西北部、安徽东南部的荒凉之地，把北方获罪的民众流放到越地中心。

此时，天下已经一统，秦王嬴政为何要这样做呢？

历史学家说：“绍兴曾经是越国的国都，是于越部族的精神中心。越国虽然灭亡了，但它的核心精神仍然存在，而在整个春秋战国时期，越国是个好战之邦，所以秦始皇便用这种极端的办法来解决问题。”

绍兴历史上又一次大规模的移民潮爆发了。早在上古时期，因为海侵，于越先民被迫大规模迁徙，他们跋山涉水、漂洋过海，是在寻求一片可以生存的土地。而这次却不同，这是一次悲惨的武装迁徙，在秦国士兵的驱赶下，内心愤懑的越族子民们，带着浓浓的离乡愁绪，无奈地踏上了北迁之路。

与此同时，另一支越族逃亡队伍也悄悄地出发了。他们中的一部分人翻山越岭，长途跋涉到了浙南、闽北和西南；一部分人则躲进了山林，后人称他们为“山越”，一直到三国时期以后才陆续下山。

大越移民们的背影正在渐渐远去，而他们身后的这片土地，与中原文明交融的脚步，却变得越来越清晰。

五、马臻筑湖

公元前119年，汉武帝元狩四年冬天，70多万关东贫民踏上了迁徙的道路。近15万移民在会稽停下了远行的脚步。

西汉末年，北方战乱，中原族群风餐露宿，一路南下，避乱江南，大量流民再度涌入会稽郡。南渡流民中包括地主阶级中的豪门大族。会稽人口出现了飞速增长，自此开始成为中国人口最稠密的地区。

在南来北往的移民迁徙中，伴随着灾难和痛楚，越地文化开始发生裂变和重塑。中原移民成了这片土地的新主人，他们带来了中原文化。

伴随着古越文化的遗存，这片土地发生了怎样的人文、社会变迁呢？中原士大夫阶层的迁入对绍兴产生了什么影响？

历史学家说："先越文化从总体上面讲，还是一种偏僻落后的地方民族文化，以后随着一次次的北人南迁，尤其是文化精英一次又一次的积聚在这片土地上，使绍兴的文化逐渐转变成为与整个中华文化同歌的区域文化。"

而改变绍兴生存环境的，则是从那场水利盛事——马臻筑鉴湖开始的。

马臻，会稽山阴人。140年出任会稽太守。历史这样记载马臻修筑的鉴湖："以山为界，筑土为塘"。南面利用稽北丘陵山麓线，构成天然屏障；北面修筑了一条总长127千米的人工湖堤，由府城向东西两翼张开，拦截来自会稽山的溪水，总纳36源，汇成了面积200平方千米的鉴湖，相当今天的30个西湖。

专家说："鉴湖相当一个蓄水池，把会稽山中的水积蓄起来，冲洗山下重新露出的沼泽平原，也就是绍兴的北部平原。"

绍兴的地形南高北低，湖水高于农田，农田又高于海面。马臻巧妙地利用这一地势，在湖堤设置了闸、堰、斗门，约束水势。干旱时，可以用湖水灌溉农田；水涝时，可以把洪水排入大海。构筑了一个科学的水利排灌体系，惠泽313平方千米农田。

历史学家说："这个排灌系统有闸、堰、水门设施，共72处，分布均匀。

水闸的作用是泄洪；有了堰坝，洪水来的时候就会自动流出，不需将闸门打开；而水门则是为了灌溉的需要。在当时的生产力条件下，堰坝不是石头坝，而是泥土坝，能够牢固地存在1000多年，这是很不简单的。”

随着鉴湖的筑成，一个全新的绍兴也在这一刻诞生了。从此这里鸟鱼并生，五谷丰收，从原来贫瘠薄土的荒芜之地，成了沃野千里的鱼米之乡。据《宋书·孔令符传》描述，到了南朝，这里已经是“带湖傍海，良畴亦数万顷。膏腴之地，亩直一金”，成了全国最富庶的地区之一。

鉴湖，为绍兴带来了巨大的物质财富，也为绍兴献出了幽雅的山水画卷。

六、绍祚中兴

继秦、汉之后，宋王朝的南迁使得中原大量移民再次来到于越大地，促进了南北文化的进一步融合，绍兴经济得到快速发展。王室的南迁成为这一时期绍兴城市繁荣的直接推动者。绍兴成为这一时期“两浙”东路的政治与文化、经济中心。

在这一时期，江南文明之城到底是怎样布局的呢？如今留下怎样的建筑遗迹？著名的鉴湖又是如何走向濒临消失的呢？

1127年，北宋王朝为金所灭。

两年后，在金兵的强大军事威胁下，宋高宗赵构带着他的朝廷大臣，匆匆南逃，渡过钱塘江来到越州，也就是今天的绍兴。在浙东地区折腾一年之后，最终在越州安顿下来，并选定越州作为临时都城。

1131年，宋高宗改年号为绍兴，以示“绍祚中兴”，意思是要继承、恢复北宋王朝的繁荣局面。同时，宋高宗又将年号赐予曾作为临时首都的越州。从此，“绍兴”作为这个城市的名称，便一直沿用至今。

历史学家说：“宋室南渡时，跟随宋高宗一起来到江南的人很多，可以说是扶老携幼，从黄河、淮河一带迁移到长江以南，促进了南方的经济发展，并且全面超过了北方，绍兴也是如此。”

作为南宋王朝的“陪都”和浙东的行政中心，短时间内，数以万计的官吏、将士和成千上万北方移民涌入绍兴，使这个原本不大的城市立即变得热闹异常。

据《嘉泰会稽志》记载，宋室南迁后城内居民增加到36000多户，近20万人。最鼎盛时绍兴城市的人口接近30万人。大量人口的突然涌入使原本不算宽阔的绍兴城变得拥挤起来，这时的城市设施能够承受这样的负荷吗？历史中的绍兴古城具有怎样的规模呢？

据史料记载，勾践时期，在大夫范蠡的建议下，越国在会稽山北边平原建设大城、小城的历史经过考证已是确凿无疑，也就是今天绍兴的前身。那么，当时的大、小城具有怎样的规模呢？

由于缺乏文献的记载，关于大、小城的范围确定存在很多争议。研究者通过越城内至今已知的春秋战国文物出土点分布区，推测出小城的大致规模：小城城墙长约1500米。

据《越绝书》记载，小城城墙外围被河道所环绕，小城还设有水门，城内有一条贯穿东西的河道。城内有陆门，也有水门。为宫廷和贵族就近提供了足够的淡水，保障了他们的基本生活，同时，也沟通了宫城与全国各地的水路交通。

历史学家说：“这个小城是越王的宫殿，所以又叫勾践小城。”

而大城的意思，就是指由一座城市发展成了另一座城市。所谓大城，就是指一般居民居住的地方，也就是一个商业区域。

大城城墙长约8000米，与《越绝书》中记载的8200米基本吻合，城内河网密布，交错贯通，可谓是“水乡泽国”。城内分布着9座独立的山丘。

史料记载，大城的西北方没有筑城墙，以表示对吴国的诚服，也或许是越国迷惑吴国的手段。城内有陆门3处，水门3处共6座城门。通过这6大城门疏通城市内外交通，加强经济联系，商品从四面八方汇聚到国都内蕺山附近的河道中，再出北廓门到后海商港，通过海路交通与春秋沿海各国进行商品交换。

历史学家认为，大城建成以后，由于在国内其他地方还没有这样一座城市，所以绍兴一直以来便是浙东道的首府，这种格局一直延续到唐朝。当时有浙东道和浙西道之分，浙东道就是越州，也就是今天的绍兴。

七、鉴湖兴利

大、小城建成的1300多年后，古老的绍兴城再次迎来了一次大发展的机遇。800多年前，宋王朝的南迁使绍兴成为这一时期“两浙”东路的政治与文化中心。这一时期，这片土地发生了怎样的变迁呢？

南宋时期，绍兴是除了首都临安之外，可与金陵齐名的大城市。1223年，绍兴知府汪纲主持修缮了府城和城门，史称“宋城”。其时设水陆城门共9处，依次为东面的都泗门、五云门，东南的动郭门、稽山门，南面的植利门，西面的西偏门、常禧门，西北的迎恩门，北面的三江门。

新建或修建城内主要街道、河道、桥梁，新建或扩建驿亭、库房场局等。府城之内，已形成街随河走，河随街流，“一街一河”“一河两街”以及“有河无街”的水城格局，直到民国时期，都没有大的变化。

历史学家说：“宋朝以前的城市布局都是很有规划的，分为商业区、居民区、政治区等，每一个区四周都筑有围墙，相对封闭。进入宋朝以后，这种格局被打破了，取而代之的是一种叫作厢坊制的格局。这种格局的街区完全按照社会经济文化发展的需求来规划，一个街区内既有政府衙门，也有商店、居民区 、学校等，这也就是现代城市的格局。今天叫作综合性街区。”

《越州图经》中记载，北宋初期绍兴城内的街坊共有32坊。到了南宋中期，已达到5厢96坊，整个城市规模是北宋早期的3倍。这时的绍兴已经是一个规划缜密、布局合理的大都会。

陆游用充满赞叹的语气描述了他生活的这座城市，说当时全国的巨镇，除了都城杭州之外，只有南京和绍兴，其他城市只能望其项背。可见当时绍兴城的规模和繁华。

由于人口剧增，城市空间的拓展，形成了较为完整的城市商业和商品流通体系，绍兴由单纯的商品消费地，转变为集生产、流通、消费于一体的商业中心。这一变化也意味着，绍兴已经成了一个真正意义上的城市。

历史学家说："越州，也就是当时的绍兴城周围出现了一种郊区的都市化现象，这一现象证明了城市的扩张，同时也证明了这是商业化的小聚落，就是后来小城镇的雏形。随着商业化进程的加快，城市的数量也与日俱增。这种现象不仅发生在绍兴城，在它周围郊区的地块上也在进行着都市化推进。"

一批市镇在绍兴周围的运河两岸迅速崛起。柯桥，今天亚洲最大的轻纺产品集散地，早在当年就已经是一个颇具规模的水路转运市镇，承担着各地商品转运的职能。钱清则是个典型的盐业市镇，年产盐量数万石。据《嘉泰会稽志》记载，南宋中期，会稽、山阴两县境内总共分布着二三十处镇市。

在这辉煌的背后，却是无法释怀的亡国之痛。南宋王朝在风雨飘摇之中度过了 153 个年头，在绍兴也留下了哀婉凄切的故事。

历史学家说："当时的绍兴城里洋溢着一种浓浓的主战气氛。陆游曾在他的笔记当中谈到他儿时的见闻，在家里经常能听到父辈们慷慨激昂诉说国事，痛骂秦桧，说到激动的时候目眦欲裂、咬牙切齿，愤慨非常。这是文人士大夫表现出来的激昂斗志，希望恢复中原的决心。"

"死去元知万事空，但悲不见九州同。王师北定中原日，家祭无忘告乃翁。"陆游这首《示儿》表达出了他壮志难酬的悲怆，以及至死不渝地执着于国家统一的信念。

以陆游为代表的南宋诗人，在绍兴留下了众多的足迹。他们是那个时代的悲剧，却也为绍兴文化留下了一抹悲壮的色彩。

到了南宋末年，政治日趋腐败，经济更加凋敝。在蒙古大军隆隆逼近的铁蹄声中，绍兴这座曾经让世人惊艳的城市，也渐渐黯然了。

鉴湖自东汉会稽太守马臻创建至南宋，历经 1000 余年。它给绍兴的生存环境带来巨大的改变，从旱涝无常的荒芜之地到富甲一方的鱼米之乡，从僻居一隅的蛮夷之族到文风昌盛的衣冠之邦。可以说，古鉴湖造就了绍兴这一方土地所独有的地域文化，期间鉴湖兴利整整达千余年之久。

宋朝著名诗人王十朋说：“越之有鉴湖，犹人之有肠胃”。鉴湖也因此而堪称绍兴的母亲湖。

然而，就在这样的盛名之下，古鉴湖却悄然退出了人们的日常生活。据北宋文学家曾巩的《鉴湖图序》记载：在北宋时期，由于人口不断增加，老百姓为掠夺土地开始围湖造田，鉴湖开始被慢慢蚕食。后来北宋政府干脆承认了“围湖造田”的合法性，鉴湖面积急速减少。

到了南宋初年，由于人口的激增，围湖造田的现象更加严重，鉴湖从此逐渐湮废。

历经1000多年的沧桑变化，呈现在我们面前的鉴湖已今非昔比。如今残留的鉴湖不再有古代文人墨客眼中碧波万顷、云蒸雾蔚的美景了。湮没在历史风烟中的古鉴湖已无处追寻，但鉴湖的旖旎和温婉的记忆，永远被书写在这片沧海桑田的土地上。

和鉴湖留在后人心中的千年喟叹一样，绍兴城在南宋后繁华落尽走向衰沉。至今，仍可依稀看到这座曾经荣耀辉煌过的城市剪影，听到几百年前的南宋状元王十朋在俯览这座城市时，吟咏出的“栋宇峥嵘，舟车旁午，壮百雉之巍垣，镇六州而开府”诗句。

在南宋的那段如梦繁华里，绍兴城的枕侧曾卧着一代君王的中兴之志，和绍兴城一样让后人追忆、感怀。

八、广陵散绝

“魏晋风流”也称作“魏晋风度”，为文化史上的专有名词。这一时期的名士们啸傲于泉林之间，有着一种不同于流俗，甚至不同于任何历史时期的生活方式。他们经历着凤凰涅槃般的精神蜕变，或旷逸不羁或离经叛道，无视功名利禄，有着深刻的思想，沉郁的感情，洒脱的人生态度，精致的审美趣味。

是哪些因素造就了中国历史上这种特有的文化思想现象？名士们旷逸不羁的背后凸显的是精神的自由还是个人的觉醒？魏晋风流对后世又产生了怎样深远的影响？

262年，一个夏日的傍晚，洛阳东市刑场上琴声悠扬，一位形貌风雅的男子无视身后站着的刀斧手，正在专注地抚琴奏曲。围观的人群屏声静气地聆听着。抚琴人不是别人，正是三国时期的绍兴名士——“竹林七贤”的精神领袖嵇康。

《晋书》中描述了这样一个细节：嵇康回过头从容地看了看快要落山的太阳。就在这一刻，嵇康忽然想起什么，叹道：“《广陵散》于今绝矣！”说罢慷慨赴死。

嵇康从一个隐者手中得到了《广陵散》，并允诺不再外传，后来名士袁孝尼等人想学都被回绝。嵇康活得坦荡，走得潇洒，尽显魏晋时期的名士风流。是什么支撑着他的精神世界？让他的生命犹如流星般划过历史的夜空？

《广陵散》：又名《广陵止息》，古代一首大型琴曲，也是我国著名十大古曲之一。

八王之乱：西晋年间司马氏同王姓之间为争夺中央政权而爆发的混战，前后历时16年。对统治造成了严重破坏，加速了西晋的灭亡。

东汉末年的黄巾起义，导致了三国鼎立的局面。到了西晋，虽然实现了统一，但不久后又爆发了“八王之乱”，北方游牧民族趁机入侵，西晋的统治也随之结束，中原成了诸族争斗的战场。当时阶级矛盾、社会矛盾不断恶化，统治阶级内部相互倾轧，致使社会动荡不安，政局变幻不定。

六朝是中国历史上一段极其混乱的时期，类似于春秋战国时期，是一个动荡不安的黑暗时期。在这一时期，人们的意识形态也发生了很大的改变，以前的儒家思想被摒弃，知识分子忠君报国的思想意识变得淡薄。

这些混乱而痛苦的历史事实，让当时的读书人济世进取的理想破灭，而儒家思想已无法成为社会的规范和主流，也不会完全从人们的思想里消失，于是就有了“援道入儒，儒道合流”的玄学。在这种思想的影响下，越来越多的名士在无望的明天面前选择了叛逆——以超然物外、放浪形骸、离经叛道的特异风姿，挑战传统礼教和道德体系，由此形成了所谓的“魏晋风流”。

生活于三国魏末时期的嵇康热衷于玄学，在人生哲学上主张“非汤武而薄周礼，越名教而任自然”。无论是文学或是音律皆为当世一绝的嵇康，平时却以打铁为乐，还时常和其他名士一道啸傲于泉林之间，饮酒清谈，吟诗作赋，以不拘礼法、旷逸不羁著称。他也因此得罪权贵而至最终遭陷害。

在这个杀戮不止的时代，能安放魏晋名士纯净心灵的地方又在何方？

晋室南渡后，建立了东晋王朝。同时北方士族大批南迁，史料记载：“中原衣冠随晋渡江者百家，中原士族避江左者十六七”。史称衣冠南渡。

东晋王朝正是在这些南迁士族的拥戴下建立起来的。其中王、庾、桓、谢四大家族，先后执政长达80年。他们把政治舞台设在首都建康，也就是今天的南京，王、谢两大家族又在会稽营造了他们的大后方。江南胜地无数，他们为什么偏偏选择了会稽呢？

历史学家说：“处在太湖流域南面的钱塘江流域，相对于太湖流域来说，还是一个开发不充分的地方，所以王、谢两大家族才会来到这里。”

这里有鉴湖，社会太平，人民安居乐业，于是很多人就来到了绍兴。

九、群贤毕至

兰亭，地处绍兴城西南13千米的兰渚山下。春秋末年，越王勾践种兰花于此，东汉时建有驿亭，因地名兰渚，亭亦以兰名。但真正让兰亭名传千古的，是因为它承载过一次享誉古今的郊外文化盛宴。盛宴中的主角正是被后人尊为书圣的东晋王羲之。

永和九年，即353年，暮春之初的3月3日，王羲之偕当时的名士谢安、孙绰等42人相聚在会稽兰亭，相约修禊事。

历史学家说：“修禊是上古时期流传下来的一种习俗，其目的是消除灾害，原本是每年农历三月的上巳节，到了魏晋以后就变成了三月初三，称为上巳节。这个节日只不过是一个普通的民俗活动。”

兰亭周围山景秀丽，茂林修竹，九曲溪水，蜿蜒而来。王羲之等在举行修禊祭祀仪式后，开始举行饮酒赋诗的“曲水流觞”活动。

名士们在兰亭清溪两旁席地而坐，将盛了酒的觞放在溪中，由上游浮水徐徐而下，经过弯弯曲曲的溪流，觞在谁的面前打转或停下，谁就得即兴赋诗并饮酒。

在惠风和畅中，名士们“仰观宇宙之大，俯察品类之盛”，一觞一咏，抒写人生哲理的玄言妙句。据史载，在这次游戏中，有 11 人各成诗两篇，15 人各成诗一篇，16 人作不出诗，各罚酒三觥。

王羲之将大家的诗收集起来，用蚕茧纸，鼠须笔挥毫作序。在触悟山水之美、宇宙之玄和人生的真谛中，物我两忘的王羲之一气呵成挥写下千古杰作《兰亭集序》，被后人誉为“天下第一行书”，王羲之也因此被人尊为“书圣”。而《兰亭集序》也被称为“禊帖”。

王羲之在《兰亭集序》的开头这样写道：“永和九年，岁在癸丑，暮春之初，会于会稽山阴之兰亭，修禊事也。”行云流水般的书法中蕴含的唯美生活意义，恰好是东晋名士风流的表现。“引以为流觞曲水，列坐其次，虽无丝竹管弦之盛，一觞一咏，亦足以畅叙幽情。”

与嵇康的凌厉傲岸、旷逸不羁、超然物外的名士风流相比，东晋时期的名士们更加注重精神世界的纯净，追求清峻通脱、优雅从容，表现出一派“烟云水气”而又“风流自赏”的气度，并成为当时的审美理想。

从嵇康主张的“非汤武而薄周礼，越名教而任自然”直接向礼法挑战，到任情率意、旷逸不羁的王羲之父子等，追求精神的自由和叛逆一直是魏晋风流的一种人格范式，玄妙巩固其志气，诗酒陶冶其趣味，千秋而下高谈阔论不尽，觥筹交错不停，旷逸不羁不终。魏晋时期的风流对绍兴的历史产生了深远的影响。

十、阳明心学

明清时期，以王阳明等为首的哲学家以鲜明的反叛个性，标新立异的才情，狂放不羁的品行，在中国文化史上留下了怎样的异彩启蒙思想？绍兴士大夫阶层涌动着叛逆时代的暗流，又是怎样冲击着明王朝的专制藩篱、影响全国的呢？

1501年的一个秋天，在杭州某寺庙中，一位约莫三十来岁的书生正在与悟透生死的得道禅师谈禅。书生问道："你有家吗？"禅师回答："有。"书生又问："家有什么人？"禅师回答："母亲尚在"。书生再问："你想她吗？"禅师迟疑着回答："想！"说到这里禅师流泪。书生说："思念母亲，这没有什么可耻的？"次日，禅师收拾东西还俗回家。

这位书生打扮的男子正是后来开创了明朝著名的"阳明心学"，集思想家、哲学家、军事家等于一身的绍兴人士王守仁。这次交谈，让王守仁对被宋明两朝奉为圣人的朱熹再次产生了质疑，他认为人有种种欲望都是正常的，也是合乎情理的，强行用所谓的天理来压制不可能有任何效果。

王守仁为何对明王朝标榜的"存天理，灭人欲"的道德规范提出质疑呢？

专家说："程朱理学中的'二程'，指的是程颢、程颐，是北宋人，朱熹则是南宋人。程朱理学在南宋的时候一度被认为是伪学，直到宋理宗的时候，才被封为官方哲学。到了明朝，随着科技制度的建立和发展，程朱理学已显得教条化，因为程朱理学讲究'存天理灭人欲'那一套理论，过分讲究内心的修炼，对人们的思想产生了很大的束缚。"

"格物穷理"是朱熹理论的一个重要观点。意思是，"理"虽然很难悟到，却普遍存在于世间万事万物之中，理无处不在，而要领会它，就必须"格"。

专家说："格物致知讲求真心诚意，讲求修身齐家治国平天下的精神，朱熹认为，格物就是去了解事物的规律，去认识事物的本质。"

为了实践朱熹的“格物致知”，王守仁下定决心探究竹子之理，他专心致志地坐在亭子里去感受、领悟亭子外面的竹子这个物。“格”了七天七夜的竹子，什么都没有发现，人却因此病倒，这就是著名的“守仁格竹”。从此，王守仁对“格物”学说产生了极大的怀疑。王守仁又是如何建立自己的思想学说的呢?

正德元年（1506），王守仁在仕途上遭到严重挫折，随之引起了他思想上的巨大变化。

王守仁因得罪朝廷宦官被贬为贵州龙场驿的小管理员。该驿站地处万山丛棘之中，虫蛇怪兽横行，蛊毒瘴疠弥漫，四境荒凉，人烟稀少。王守仁刚到这里，既无住房，又无粮食，只好栖居山洞，亲手种粮种菜，折薪取水，苦熬度日。

由于环境恶劣，身患虚痨肺病的王守仁深知随时都有倒毙荒野的危险，于是做了一副石棺材，指天发誓曰：“吾惟俟命而已！”他开始极力排除生死杂念，“日夜端居澄默，以求静一”，超然于尘世之外。正是在荒芜的西南边陲，王守仁开始思索“理”是什么，最终悟出“理”在心中，史书称为“龙场悟道”。

王守仁的哲学，后来被哲学界称为“阳明心学”。心就是“理”，是万事万物的根本，世界上的一切都是心的产物。这和朱熹认为的理普遍存在于世间万事万物之中是截然不同的。格物在于格心，不必向外，故提倡从自己内心中去寻找“理”。

王守仁的心学体系又称阳明学派，其核心是“致良知”。大意是，人对内心本质的透彻觉悟是宇宙的最高真谛。这与当时流行的程朱理学向外在世界寻求真理的做法，形成了鲜明的对立。王阳明“心学”一出，学子蚁聚，风气大开，迅速成为当时社会上的又一种主流思想。

嘉靖六年五月，王守仁抱病奉命去两广平叛，在天泉桥上，对其弟子钱德洪和王畿两人传下了“心学四诀”。是时，天地寂静，微风轻拂，守仁长袖飘飘，弟子躬身肃立。

“无善无恶心之体，
有善有恶意之动。
知善知恶是良知，
为善去恶是格物。”

这就是他的心学四诀。

专家说：“一个人不管出身高贵、贫贱，本性都一样，天地间人人都有良知。这种良知对国家而言就是忠，对家庭而言就是孝，对朋友而言就是讲信。每个人都有良知，从比较的角度来看，这与西方文艺复兴时期所提倡的人性的发现颇为类似，人性的发现里也有良知的味道。”

十一、青藤魅影

15—16世纪的中国，明王朝的腐朽统治导致国家处于内外交困、危机四伏的境地，维系千年的封建体制已经日趋没落、摇摇欲坠。此时的欧洲大陆正在爆发一场思想和艺术的重大变革，历史上把它称为文艺复兴运动。

这场发端于水城威尼斯的变革，以个性解放、打破思想禁锢、追求人的价值的人文主义思潮，冲击着中世纪的专制藩篱。就在这时，在东方的另一座水城绍兴，相似的思想启蒙也已发端，涌动着叛逆时代的暗流，影响着全国。

明末清初，是中国历史进程中独特转型和深刻变局的关键时期，生存状态的无定和文化前途的迷惘，是当时多数士人的身心处境。因此，追求个性解放的叛逆精神和狂飙突进的文艺思潮在古老的绍兴大地上悄然兴起。

徐渭、张岱、陈洪绶等一批绍兴文人，在中国文化史上留下了夺目的异彩。他们有着怎样独特的性格和艺术境界？

著名的《泼墨杂花图卷》为徐渭所作，图中绘有残菊败荷，枯藤残叶，作品用笔放纵奔洒，干笔、湿笔、破笔兼用，水墨淋漓，恣情汪洋，笔触歪斜正侧，颠来倒去，或偃或仰，随意点染，却无不自如流畅。时隔 4 个世纪，画中仍可显见墨迹淫淫的湿润感。

历史学家说："徐渭是阳明学派传人，他是崇奉阳明心学的典型。他追求心性的解放，因此体现在绘画方面，他的笔法显得非常活泼。这就是超越程朱理学的教条束缚，在阳明心学的推动下产生了'我很相信'的观点所至。阳明心学不仅对当时的画家和绘画作品产生了巨大影响，对于明清时期的小说和小说家同样影响至深。"

在绍兴城区一条不起眼的小巷内，有一个不大的园子，叫青藤书屋，这就是徐渭的故居。

徐渭有着一个悲剧的人生。自幼以才名著称乡里，却在科举道路上屡遭挫折，直到 41 岁共考了 8 次，也始终未能中举。后来竟演变为发疯、杀人至自杀。在他的一生中，反复自杀达 9 次之多，有一次狂病发作，因怀疑继妻张氏不贞，将她杀死，因此被关入监牢。

他的经历令人联想起荷兰的印象派祖师梵高——那位陷于精神病自杀，喜欢以跃动的线条，凸起的色块表达主观感受和强烈情绪的画界天才。两位大师身上都笼罩着相似的悲剧魅影。

徐渭去世后不久，青藤书屋住进了另一位绍兴的画家，名叫陈洪绶，号老莲，被后人称为"明末四大怪杰"之一。颇负盛名的陈洪绶之所以住进他的书屋，正是源自对徐渭的崇敬和追忆。

以徐渭、陈洪绶为代表的作为继承古代传统、开启近代绘画新风的重要画家，他们突变多于渐进，感性重于理性。这些思潮对清初艺术风格的形成和发展，产生了深远的历史影响。

从魏晋的旷逸不羁，到明清的打破禁锢，在绍兴这片古老的大地上，精神的自由和叛逆始终是一种人格范式。

当西方人开始怀疑和动摇神的权威时，中国的文化巨子们也向传统发起了挑战。王守仁在明王朝步入封建社会末世时，首先在哲学思想领域向传统的理学提出了挑战，并且影响了黄宗羲、徐渭、陈洪绶等一批绍兴文人，去打破思想禁锢、追求人的价值。这股人文主义思潮冲击着中世纪的专制藩篱，在中国文化史上留下了夺目的异彩。

而在20世纪初的绍兴大地上，一批以秋瑾、徐锡麟等为代表的仁人志士高举反清的旗帜，向腐朽的政权发起了猛烈的攻击。绍兴这片古老的大地由此见证了轰轰烈烈的革命浪潮和蓬勃的民主思想。

十二、鉴湖女侠

在20世纪初的中国革命舞台上，绍兴是孙中山领导的同盟会三个主要团体之一光复会的主要所在地，在宣传民主革命思想，推翻清朝、开启民主共和新纪元的历程中起到了举足轻重的作用。由于蔡元培、秋瑾、徐锡麟、陶成章等绍兴人在光复会中的特殊地位，使绍兴成为长江下游的革命中心之一。

作为民主革命的团体光复会，它是如何发展壮大，并使共和观念深入社会中下层人士的思想中？陶成章、徐锡麟、秋瑾等革命志士又是怎样面对清朝的白色恐怖的呢？

1907年7月6日，安徽巡抚恩铭和随行的一批文武官员正在参加安庆巡警学堂的毕业典礼。就在学员们向长官行礼的时候，巡警学堂监督徐锡麟突然掏出短枪，向恩铭连开数枪。恩铭当即倒在血泊中。巡警中的一些学员也随即加入到行动里来。如梦方醒的清兵护卫立即展开了反击。会场顿时大乱，文武官员四处逃窜。

此次行动是光复会筹谋已久的一次武装起义。身为巡警学堂监督的绍兴人士徐锡麟，秘密身份却是光复会的主要领导者之一。此次行动是他和身在绍兴、人称“鉴湖女侠”的秋瑾等事前所谋划，两人决定组织光复会成员同时在浙、皖两地发起武装起义。

徐锡麟和秋瑾谋划的此次起义是否能成功，他们的命运又将如何呢？光复会又是个怎样的组织呢？

中日甲午战争后，清朝开始实行戊戌变法，但因慈禧太后等守旧派发动血腥政变，不久后新政夭折。未几八国联军攻占北京，清政府被迫与列强签订了《辛丑条约》。清政府的腐败无能导致了民族危机和社会危机日益加深，民主革命思潮迅速发展、形成，革命团体也开始建立。

1904年秋，一个后来对辛亥革命产生过巨大影响的组织在上海成立。它就是我国近代史上著名的光复会。其发起者之一的陶成章，曾两度到北京谋划刺杀慈禧，失败后被迫赴日本留学。不久后归国，他又和前清翰林出身、同为绍兴人士的蔡元培等成立了光复会。

光复会的宗旨为“光复汉族，还我河山，以身许国，功成身退”。这一宗旨与1905年由孙中山成立的中国同盟会的“驱逐鞑虏，恢复中华”的内容十分相近，说明两者在反清的立场上是一致的。

就在光复会成立的当年，在陶成章的介绍下很快迎来了一个重要成员——与陶成章家庭背景迥异的徐锡麟。这个和蔡元培一样作为封建体制下的利益既得者，为何也要站到反清的旗帜之下、擂鼓呐喊呢？

徐锡麟起初是朝廷变法的拥护者，但在戊戌变法失败、庚子赔款，尤其是八国联军入侵中国后，逐渐对清朝统治由失望发展到愤恨。1903年，徐锡麟东渡日本考察，结交了绍兴老乡陶成章等革命志士，萌发了革命思想。徐锡麟对陶成章甚为敬仰，后来在徐锡麟加入光复会后，两人从此开始并肩战斗。

在全国不断高涨的革命形势推动下，徐锡麟和陶成章从革命的长远目标着眼，通过办学方式来提高光复会成员的素质。1906年，“大通师范学堂”在今天的绍兴市区胜利西路挂牌成立。学校由徐锡麟负责主持校务具体工作。来自宁波、绍兴、金华三府会党，以及会党组织的头目及骨干会集在此，接受反清教育和严格的军事训练。

为从战略上取得胜利，陶成章提出“欲在浙江起事，非先上通安徽，并以暗杀扰乱南京不可”，并建议“捐官学习陆军，谋握军权……以为捣穴覆巢之计”。1906 年 11 月底，徐锡麟通过向清政府交纳金钱的形式，争取到了前往安徽任职差使的机会。

就在徐锡麟离开大通学堂后，1907 年 2 月，曾由他介绍加入光复会的秋瑾赴绍兴就任大通学堂督办。

在大通学堂，秋瑾对学生的教育、训练非常严格。同时，她有意识地与绍兴地方官府拉关系，结识了绍兴知府贵福和山、会两知县，用以掩护革命活动，负责当时浙江地区革命活动。

那么，秋瑾和徐锡麟制定了什么样的起义计划呢？

历史学家说：“徐锡麟和秋瑾约定，首先从安庆起义，因为安庆是安徽省的省会，又处在长江中游和下游交界的位置。一旦起义成功，就可以马上得到南京、绍兴方面的支援和响应，各地结合起义，必然会爆发其他地方更大规模的起义。这样一来，东南沿海起义必然会形成燎原之势。”

然而，当 7 月 6 日这天徐锡麟刺杀恩铭、宣布起义后，秋瑾却没有在绍兴响应。

历史学家说：“就在这个时候，金华光复会会党下面有一个名叫叶仰高的小头目叛变了，于是清政府加强了戒备。”

在这种情况下，光复会只好提前起义。由于准备仓促，在其他的会党、士兵中的发动工作还做得不够完善，只能利用毕业典礼或阅兵的机会仓促起义。安庆起义的失败，对绍兴方面的影响也很大。

绍兴成了一座革命气息和恐怖气氛交织的城市。为了不做无谓的牺牲，秋瑾不得不将起义日期推迟至 7 月 19 日，但这一改变又无法即时通知安庆的徐锡麟。

与此同时，远在安庆的起义已经爆发，徐锡麟率领光复军正在与清军激战。直到下午 4 点，由于寡不敌众，子弹耗尽，陈伯平以及 4 个学生战死，徐锡麟、马宗汉和 40 多名学生被俘。

第二天徐锡麟被清军杀死。临刑前，他神色自若地说：“功名富贵，非所快意，今日得此，死且不悔矣！”时年 34 岁。

▲ 秋瑾

▲ 秋瑾墓

浙江巡抚张曾扬得安徽方面的通报，得知秋瑾是徐锡麟的同党，命令绍兴知府贵福捉拿秋瑾。一时风声大紧，有同志劝秋瑾离校躲避，却被秋瑾拒绝了。她一方面指挥掩藏枪支，烧毁册籍文件，疏散学生。另一方面想方设法保护大通学堂，希望不被清政府发现绍兴光复会组织的秘密。

1905 年 7 月 14 日下午，大批清军将大通学堂团团围住。秋瑾率少数未来得及转移的学生顽强抵抗，激战近一小时，毙伤敌人数十，最终寡不敌众被俘。

秋瑾是中国反封建战斗历史上，用自己的头颅撞响封建体制丧钟的第一位女性。1907 年 7 月 15 日，在绍兴山阴县署的街上，满身血污戴着镣铐的秋瑾在一队清兵的押持下，向轩亭口缓缓走去。临刑前她写下了“秋风秋雨愁煞人”的诗句后，从容赴死，时年 32 岁。

光复会是以绍兴为中心，以资产阶级、小资产阶级知识分子为基础，以民主共和为目标，并为之而奋斗的历史大剧。纵观光复会在辛亥革命中的活动，不难看出它为推翻清朝封建统治，夺取革命在全国的胜利，建立了不朽的功绩。

十三、新文化运动

1919年5月4日周日。当天下午，3000名学生集结于天安门前，示威抗议凡尔赛和会将德国在山东所享特权划归日本。随后发生学生大规模游行，各界人士纷纷响应支持。这一天，因开创了中国历史的新纪元而被载入史册。

在这场运动中同样被载入史册的还有一群以蔡元培和鲁迅为代表的绍兴人，他们在这场民族自新与自救的爱国运动和新文化运动中扮演了急先锋的角色。

1911年辛亥革命胜利后的第二年，中华民国临时政府在南京成立，袁世凯当选为临时总统。蔡元培就任南京临时政府教育总长，主持制定了《大学令》和《中学令》，这是中国的第一个大学和中学校令。随后蔡元培在对“教育方针之意见”中宣布废除忠君尊孔、读经，改革学制，实行小学男女同校，推行义务教育等。

但蔡元培的主张无法得以实施。袁世凯在暗中进行帝制复辟活动，大力提倡尊孔读经、鼓吹了“孔学博大”、大搞尊孔祭天。接着又发布《祭圣告令》，通告全国举行“祀孔典礼”。为支持袁世凯帝制复辟活动，全国掀起了一股尊孔复古逆流。

蔡元培愤而辞职，赴欧洲从事学术研究，开始思考中国教育的出路和方针。蔡元培认为：“我中国人向有一弊，即是自大”，应择欧洲文明“可以消化者”而“吸收之”。

1916年冬，从欧洲回来后蔡元培出任了北京大学校长。北大的前身是京师大学堂，在维新后改为大学，但“旧党风之瘴，老学风之腐，混交成虐”。在当时的情况下，蔡元培是如何对它进行改造并注入崭新的思想和学风的呢？

历史学家说：“蔡元培决心改变北京大学的风气，因为当时的北京大学基本上就是一个官僚体制的学堂，那时所谓的大学生像当官做老爷一样，一有空闲时间就逛八大胡同，上馆子。蔡元培当上校长后，很快就把整个学校的风气都改变过来了。”

蔡元培发表《教育独立议》，认为教育事业应当完全交给教育家，保持独立的资格，毫不受各派政党或各派教会的影响。蔡元培的文章一出，当时的内阁总理梁士诒斥责他为一派胡言，认为教育不应该独立于政党之外。但蔡元培最终顶住了压力，继续推行他的办学理念和思想方针。在北京大学，蔡元培提出了“思想自由、兼容并包”的教育理念，并且在聘用人才方面不拘一格。

在这一思想原则指导下，北京大学成了一个人才荟萃、思想活跃、生机勃勃的大平台，成了一个引领时代潮流、提供“批判的武器”的思想库，以陈独秀、胡适、鲁迅等为主帅的号角和旗帜式的刊物——《新青年》也在这里诞生了。从此，以《新青年》为阵地迅速形成了一场对封建道德观念的反叛和革新。

1918 年 5 月，鲁迅在《新青年》上发表了中国现代文学史上第一篇白话小说《狂人日记》。鲁迅对旧礼教、旧道德进行了无情的鞭挞，指出隐藏在封建仁义道德后面的全是“吃人”二字。

这篇小说成了奠定新文化运动的基石，并且引发了一轮巨大的冲击波。在它的影响下，社会上掀起了一股思想解放的潮流，民主和科学思想得到了弘扬。同时也启发了国民的民主主义觉悟，对“五四”爱国运动起到了宣传动员作用。

历史学家称：“《新青年》杂志代表了当时进步的时代潮流，特别是在反帝反封建主义方面，它成了一个冲锋陷阵、摇旗呐喊的阵地。同时，《新青年》杂志还团结了一大批思想进步、爱国忧民的知识分子、知识界精英。”

蔡元培、陈独秀和鲁迅等在新文化运动中的影响是巨大而深远的。1919 年 5 月 4 日这天，爆发了震惊中外的大规模学生游行运动。

学生示威活动的结果是当局逮捕了 32 名学生。为营救学生，蔡元培组织了由北京 14 所学校校长组成的“校长团”赶赴警察厅，宣布“只可归罪校长，不得罪及学生一人”。在校长团的交涉下，被捕学生最终得以成功保释。

当时的学生许德珩回忆起北京大学欢迎被捕学生归校的场面时，仍然肝胆如焚。他说："见到自己的校长时感动得放声大哭。"他永远记住了先生那种强忍眼泪勉励大家的神情，那种慈祥而伟大的圣者风范！

法国《巴黎时报》主笔杜伯斯采访蔡元培时曾这么评价他，以新文化运动为标志，冲出了一群盗火者，高举起启蒙运动的火炬，唤醒了沉睡的奴隶。

"唤醒奴隶"的另一名悲情普罗米修斯显然是鲁迅。鲁迅的思想之光，在暗夜里异常耀眼，引人注目。他是如何将反封建的基本主题同社会政治革命联系起来的？

《狂人日记》发表后不久，鲁迅又连续发表了《阿Q正传》《孔乙己》《祥林嫂》《药》等一系列作品，以他的笔，犀利无情地剖析了病态的社会、病态的国民，直击人们的灵魂。

在《阿Q正传》中，鲁迅提出了改造国民性思想的历史迫切性，并且将反封建的基本主题同社会政治革命联系起来。

鲁迅的思想所强调的，是每一个个体以及个性的独立和自由。但是，个体的独立和自由并不是鲁迅先生最终追求的目标，他的最终目标是，中华民族的每一个人都有个体的独立和自由，并在此基础上建立民主的共同体，也就是鲁迅所谓的"人国"，即现代的民主国家。因为这个现代民主国家是在尊重每个个体独立自由的基础之上建立的民主国家，所以个体和群体在鲁迅的观念中同时得到强调。

20世纪初期，当中国正处于封建文明走向现代文明转型的关键时刻，被后人称颂为"北大之父"的蔡元培，在世纪之初的黑暗蒙昧中，为我们盗来了文明的火种，和鲁迅等一同擎起了一个民族的火炬，以振聋发聩的呐喊，照亮、唤醒了在昏聩中沉睡的国人。

蔡元培提出的"兼容并包，思想自由"的理念，烧毁了政治在学校大唱傀儡戏的舞台，在黑暗的中国掀起教育体制改革的风潮。他所提倡的教育独立、女权平等、平民教育、德育美育等教育思想，直到今天仍值得我们借鉴。

从断发文身的于越先民为了向大自然争取生存权，到春秋时期吴戈越剑的争战风云，在人与天、血与火的漫长斗争中，绍兴精神由此诞生。

越王勾践凭着“胆剑”精神，卧薪尝胆、发奋图强，谱写了终成霸业的悲壮史诗。从此，古老的越文化中开始流淌着慷慨激越的义烈血脉，蕴藏着卧薪尝胆的励志自强，彰显着坚韧不拔的斗志抱负。西汉时的王充正是秉承着这种“胆剑”精神，冲击和推动了当时的思想领域，才出现了如马臻这样造福于民、不畏权势的治水能吏。

随着时光的流逝和文化的交融，古越的血性、强悍中渗入了敏慧善谋的柔性、灵动、精致的文化基因和书卷气息。魏晋时期的绍兴名士嵇康在临刑前一刻，将越地这种精神气质演绎到了极致。到了宋明清时期，这种精神不断地得以传承、发展，陆游、王守仁、刘宗周、黄宗羲、徐渭等无不烙下了越地的精神印记。

到了近代，不论是秋瑾以身许国，还是徐锡麟向死而生的精神，无不是胆剑精神的延续和发展。蔡元培和鲁迅更是蕴藏着“胆剑”精神所包含的敏慧善谋的柔性、卧薪尝胆的坚韧、崇文尚武的血性，在历史关头，是他们擎起了一个民族的火炬。

越国已不复存在，但越地的精神早已植根于广大民众之中，融入中国的传统精神里，成为中华民族励志自强的典范。

据考证，古滇国是中国历史上存在于云南境内滇池畔的一个小国，它的形成最迟不晚于战国初期，其称谓也是因当地有滇池而名“滇”。

古滇国

关于滇池的名称，通常又有两种不同的说法。一说是《华阳国志·南中志·晋宁郡》：“滇池县（今晋宁区），郡治，故滇国也。有泽水周回二百里，所出深广，下流浅狭如倒流，故曰滇池。”（此说又见于《后汉书·西南夷传》，所述略同）。另一说见王先谦《汉书补注》：“上林赋文成颠歌，文颖注颠县，其人能作西南夷歌，颠与滇同。然武帝前滇池县本作颠县，后人因池加水为滇耳。滇池读为颠池，以滇为义。《说文》：颠，顶也。言益州各水四面下注于卑地，此县之地与池独居高顶，当不以颠倒为义。”两说均以滇为颠，一以颠倒解，一以山巅解，不知孰是。

▲ 滇池

滇国的历史，在我国古代史研究中基本空白。这是因为当时云南少数民族还未使用文字（尤其是没有本民

夜郎： 一个在历史上存留了300多年，然后又神秘消失的蛮夷古国。夜郎古国地址所在，300年来史学界争议不休，至今没有定论。现在公认的争议地址有两处，分别是新晃和岑巩。与楼兰古国、大理古国并称为“神秘的三大古国”。

族的文字），他们的光辉历史和灿烂文化被湮没了。我国古文献上虽对滇国历史有过片断记载，但多来自传闻或转录，时至今日，还没有一本有关滇国历史和滇文化的专门著作，以致人们对丰富多彩的滇国青铜文化一直了解甚少。我国古文献上有关滇国的记载，最早见于司马迁的《史记·西南夷列传》。文中说：“西南夷君长以什数，夜郎最大；其西，靡莫之属以什数，滇最大；自滇以北君长以什数，邛都最大。此皆椎髻、耕田、有邑聚。其外，西自同师以东，北至楪榆，名为昆明，皆编发，随畜迁徙，毋长处，毋君长，地方可数千里。”当时云南滇国聚居区以滇池区域为中心，滇国的东部为夜郎国，北部有邛都国，西部以洱海区域为中心即昆明国。滇和昆明是云南古代的主要部落，他们都有着悠久的历史和灿烂的文化。滇国历史虽久，但受到中原王朝的注意，也只是在西汉武帝时。《史记·西南夷列传》说：“及元狩元年（公元前122），博望侯张骞使大夏来，言居大夏时见蜀布、邛竹杖。使问所从来，曰：从东南身毒国可数千里，得蜀贾人市。或闻邛西可二千里有身毒国。骞因盛言大夏在汉西南，慕中国，患匈奴隔其道。诚通蜀，身毒国道便近，有利无害。”张骞将出使大

▲ 滇蜀文化铜兵器

夏（今阿富汗）时所见蜀布、邛杖的情况上报给汉武帝，并建议由西南地区从身毒（今印度）至大夏，不仅路途便近，而且可避免匈奴的干扰。汉武帝采纳了张骞的建议，几次派使臣求身毒道，都因云南西部昆明国的阻拦而未能成行。也正因为这件事，西汉王朝才知道有关滇国的更多情况。也就是在西汉时期，古滇国纳入了中原王朝的版图，成为西汉的一个番国；东汉中期，随着汉王朝郡县制的推广、大量汉族人口的迁入，古滇国被逐步分解、融合，最终消失了。

一、有待深究的复杂血统

从《云南文明之光——滇王国文物展》中展出的大量古滇国文物中，人们可明显地看到滇人的形象有些奇特：他们有着高高的鼻梁、深陷的眼窝、戴着波斯人的头饰……这些都与中原人的外貌有着很大的差异。人们不禁要问——古滇国人到底是什么种族?

关于这一点在学术界内存在着许多不同的观点：有的人认为滇人是楚国的移民，因为《史记·西南夷列传》里有庄王滇的这样的记载；有的人认为滇人是巴蜀人的一个分支，是从四川迁移过去的；还有人认为他们是北方游牧民族；或是濮人；是古代生活在长江以南两广地区的越人等，给人以一种扑朔迷离之感。

随着考古发掘力度的加大及相关研究的深入，人们发现在云南从旧石器时代到新石器时代再到青铜器时代有着七八千年的过程，期间土著是一直存在的，他们就有很成熟的文化。因此大多数学者认为现在人们所见到的古滇文化就

▲ 滇王国文物（a）

◀ 滇王国文物（b）

▲ 滇王国文物（c）

是土生土长的土著自己创造的，但在其发展过程中由于文化生态的多元性使它融合、吸收了许多外来文化。

对此，民族学家已经从古滇人的服饰和相貌特征中识别出至少六七种与现代少数民族存在着某些必然的联系；著名的人类学家、社会学家费孝通先生在做西南边陲考察时也曾用尺子量过现代人的面貌特征，包括鼻翼的宽度、嘴唇的厚度等，并通过细致的技术统计以作为研究其种族的参照；再结合当时历史的发展状况（当地很早就开始发生了民族的交融，至少从先秦开始，它已经是一个多民族共同体的区域性社会了），于是得出了一个能为大多数人所接受的结论：古滇人是当地土著部族相互融合后形成的一个群体，但并不排除其他民族迁徙的可能性。

费孝通：世界级社会科学家，国际应用人类学会最高荣誉奖获得者，中国社会学和人类学的主要奠基人之一。著作有《生育制度》《乡土中国》及译文《文化论》《人文类型》《工业文明的社会问题》等。

二、多视角解读“夜郎自大”

《史记·西南夷列传》载：“滇王与汉使者曰：‘汉与我孰大？’及夜郎侯

亦然。”可见成语“夜郎自大”的原创乃是滇王，而夜郎王无端地背了2000多年的黑锅。但换一个视角来看这件事情，人们不难从中发现新的内含。

▲ 滇王国文物（d）

首先，按司马迁的记载是“耕田有邑聚”，这表明农业是古滇国的经济基础，当时的滇人已经熟练地掌握了稻作农耕技术；此外，他们亦饲养牲畜，兼营渔猎。在针对一座滇王墓的考古发掘中人们发现：滇王和妻子拿锄头做陪葬。这座墓中竟一次陪葬了100多把锄头，锄头上都刻满了牛头和雉鸡，其中牛是滇人的家产，而雉鸡就是滇人最早的肉食来源。当年滇王要与其他国家交好时，就要带上雉鸡当见面礼。滇王和妻子死后，就要见另一个世界的头领，那当然要带上雉鸡了。而锄头在当时亦是滇人的货币，功能与中原那些缩小版的“刀币、斧币”差不多。

其次以杰出的青铜文化为代表的滇文化与中原地区不一样的地方就是对社会生活的反映。中原商周青铜器文明主要反映王权思想，青铜器物有许多神秘的色彩；而滇文化的起源虽然首先受到了中原商周时期青铜文明的影响，比如常见的青铜兵器如戈、矛、箭镞、玉镯等都与中原地区是一脉相承的，同时也受到北方草原游牧民族文化的影响，比如有各种动物纹的扣饰。但是这些器物有着自己明显的文化特征。此

▲ 滇王国文物（e）

外，古滇国青铜器的铸造、加工技艺，已经达到了一个高度发达的水平。经过研究可知，这些精美的青铜器制造不仅已经掌握了合适的铜锡比例，能够在制作不同器物时运用不同的配合比例：兵器掺锡约20%，硬度较大，不易弯曲折断；装饰品约10%，硬度较小，便于打造成各种形状的装饰物；而且知道用分范合铸的办法塑造人物、动物及壮观的场面，制范工艺及浇铸技术已达到较高水平。另外在漆器及其他手工制品方面滇人也已达到了相当高的水准，这在出土的文物中可以看到。

第三，古滇国的商业是较为发达的。滇人很早便开始和周边的区域进行贸易往来，他们用自已丰富的物产交换他们所没有的东西，于是带回了许多来自印度洋暖水区域的海贝。由于它的稀有，滇人把它作为货币，并且用青铜专门铸造了存放它们的容器——贮贝器。古滇遗址中出土的大量形制各异的贮贝器足以说明这一点。

……

从上不难看出当时古滇国在物质上非常丰富，在文化上已经达到了相当高的水准，很可能在该地区内处于执牛耳的地位；另由于山水阻隔、信息闭塞，滇王在接见汉使之前不知有汉，自以为是独领天下的文明之邦，于是自豪地发出“汉与我孰大”的豪言壮语也就不难理解了。

《左传》云“国之大事在祀在戎”，古滇国亦然，只不过是通过人物群雕的主题雕塑方法将祭祀的场景记录在青铜器皿上，它是活的历史，是永远不会消失的形象资料。祭祀是滇人每年一次最重大的活动，是他们向祖先、向神灵表现虔诚的方式。其中有两点值得特别关注。

一是用活人来残酷血祭。如出土的大量贮贝器就可分为杀人祭祀贮贝器、纳贡贮贝器、纺织贮贝器等不同形制，其中在杀人祭祀贮贝器上，人们可以清楚地看到铜柱上捆绑着一个赤身的奴隶，立于两侧的奴隶脚上戴着枷锁，主祭的奴隶主梳着发髻端坐中央，一幅血淋淋的杀人场面展现在人们面前；再如杀人祭铜鼓场面盖铜贮贝器则表现了当时滇人举行的“祈年”仪式，就是通过杀人祭祀以求得农业丰收。

▲ 滇王国文物（f）

二是主祭人都是女性，而中原地区的祭祀一般都是由男性来主持。这说明在古滇国妇女的社会地位是很高的，理由有三：一是，据先秦文献记载，古滇国有后宫织室，就是由王后来管理纺织业；二是，古滇国还有后宫藏种之说，就是春播的粮种是王后提供的。后宫设有粮仓，都要由女性在那儿存谷种。在春播仪式上，也都是由女性顶着筐箩……这足以说明女性在社会生产生活中所处的重要地位；三是，因为当时以物易物的市场经济是在妇女之间最早发生的，故女性是滇王国商业的先导，是市场的主管。也正是鉴于当时女性有着颇高的社会地位，所以对于祭师都由女性来担当的现象也就不足为奇了。

茶马古道：存在于中国西南地区，以马帮为主要交通工具的民间国际商贸通道。有三条线路，分别是青藏线（唐蕃古道）、滇藏线和川藏线。其中青藏线兴起于唐朝时期，发展较早；川藏线在后来的影响最大，最为知名。在这条古道发展起来的茶马互市，兴于唐宋，盛于明清，第二次世界大战中后期最为兴盛。

再就是战争。据文献记载汉武帝为寻找一条新的通往西方的道路（传统的北线长期受到匈奴的阻挠，此举是为了避开匈奴），接受张骞的建议在西南夷建立了 7 个郡县，拟从西南开辟通往西方的通道，但此路却被昆明人所阻挠。昆明人是生活在茶马古道上的一个强悍的游牧部落，其统辖地域有近 500 千米，且跟西北的草原民族如乌孙等有着密切的联系。于是汉武帝痛下决心，一方面在长安修凿了几十平方千米的昆明池来演练水军（因为这个地区水网密布），进行军事威胁；另一方面派人出使滇国，利用滇国与昆明人素有的矛盾进行牵制。因为在当时的云南，滇人与昆明人是占举足轻重地位的两大族群，滇人是稻作民族，昆明人是游牧民族，不同的生产方式与生活习惯使他们之间冲突不断。如滇国青铜器上反映战争、献俘的图案上敌人与战俘都是辫发，而这正是昆明人的主要特征之一。也正是由于制造者为滇人，故对战争的描绘滇人永远是胜利者，而昆明人则一律都

▲ 滇王国文物（g）

是反面形象，不是被杀就是被捆绑关押。

又如1972年出土于云南省江川区李家山墓地的“牛虎铜案”，为古代祭祀时盛牛羊等祭品的器具，高43厘米，长76厘米，重17千克。形体为一站立的大牛，四蹄作案腿，前后腿间有横梁连接，以椭圆盘口状牛背作案面，大牛腹中空，内立一小牛。牛后部一猛虎咬住牛尾，四爪抓住大牛的后胯。此案中大牛颈部肌肉丰满，两巨角前伸，给人一种头重尾轻的感觉，但其尾部铸有一虎，一种后坠力使案身恢复平衡。大牛腹下横置的小牛增强了案身的稳定性。在艺术风格上，充分利用对比、反衬、烘托的手法将老牛驯良无私、小牛单纯可爱、猛虎凶恶残暴的形象刻画得惟妙惟肖，构成了极具震撼力的悲剧色彩。而这只是一个代表，人们不难发现在古代滇族的青铜饰物中多有表现猛兽格斗或群咬的激烈情景，且在描绘动物题材的扣饰中尤以刻画虎豹凶猛形象者居多。在其他青铜器上，刻画虎豹者也很常见。如有的青铜器常饰以虎豹纹，有的将器耳铸成虎形，有的铜器刻画饲虎形象，也有的在铜器上雕铸蟠蛇立虎的铜柱图像作为奴隶主权威的标志等，足以表明滇人将虎豹作为勇猛威武的象征而受到崇敬。这种敬畏虎豹之风也可能与不断的战争存在着某些必然的联系。

此外，出土的许多滇人兵器样式精美、雕饰华丽，讲究的是一种唯美化的造型，但并不适用于实战。这说明虽然滇人与昆明人不时有冲突发生，但就整个多民族地区的云南而言，民族之间的和睦相处则是一个更常态的现象。滇人有充足的精力、时间去打造这些工艺品似的兵器，也是从另一个方面反映了他们居于一种常胜的地位。这些兵器与其说是为了战争，倒不如说已成了一种仪式的象征。

三、古滇文明——历史的镜子

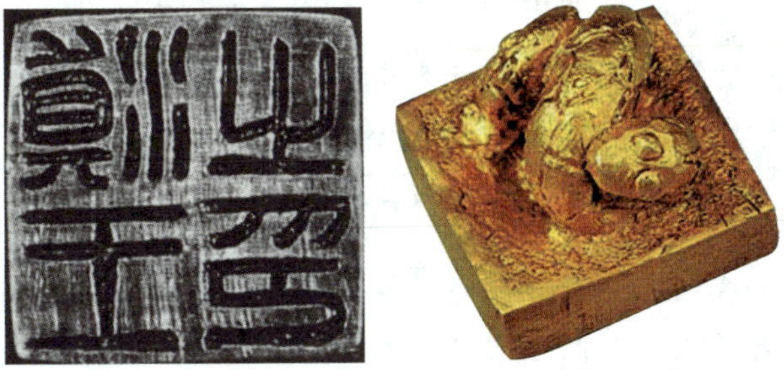

▲ 滇王之印见证了璀璨的滇文化

大量的古滇遗址出土文物展示了一幅幅生动的当地古代先民生产生活画卷，其中最值得一提的是古滇人敢于将性崇拜直白地展现于生活、贯穿于生活之中。如出土的一件祖形铜铲，初看与今天人们所用的铲子一样；仔细再看铲柄竟是一根纤毫毕现的阳具，非常逼真。据介绍，它是滇国贵族们在春天播种时进行祭祀仪式上盛装种子的器具，之所以造成阳具状，就是将播种与农耕的共同点对比。而另一件极为少见的青铜针筒，发掘出来时里面装满了两头都非常锋利的针，筒的上面铸了一头雄鹿，性器官非常明显。经考证这是中医们用来给人针灸治疗的针具，而雄鹿则象征了医师的“妙手回春”。

此外，器皿图案所反映的生产生活内容非常广泛，有战争、献俘、纺织、纳贡、狩猎、放牧、斗牛、乐舞等场面，是我国奴隶制社会研究不可多得的实物材料。

总之，璀璨的滇文化是云南各民族先民在历史长河中的伟大创造。它就像一颗耀眼的明珠，在历史的尘埃中沉睡了2000多年。今天，抹去尘埃的它再次发出夺目的光芒，为博大精深的中华民族文化增添了绚丽的色彩；同时它再次证明了中华文明多元化同步发展的特征。

也就是说，如果将中华文明比作一株参天巨树的话，那么其博大的根系是深远延伸的，其树冠华盖的庇荫同样是非常辽阔的。

亀兹是我国西域古代大国，它以今天新疆的库车绿洲为中心，素以神秘著称。星移斗转，世事变迁，昔日的古国已在莽莽荒原中消失，只留下尘封千年的石窟艺术昭示着它曾经的辉煌，也留下了无数谜团吸引着今天的人们去探索：龟兹古国居民们流行的是一种什么语言？他们有着怎样的风俗？这里是如何成为古代西域小乘佛教中心的？龟兹和汉唐又有着怎样的交流？我们今天还能欣赏到美妙的龟兹古乐吗？

语言之谜

1906年1月，几个德国人走进了中国新疆库车附近克孜尔的石窟佛寺，这些千里迢迢而来的柏林民族学博物馆的外国人，在这里发现了什么呢？

▲ 克孜尔石窟

为首的勒柯克永远不会忘记进入石窟的奇妙感受，他在20年后的著述中写道："我们提着灯摸黑进去，石窟里没有一扇窗子，整个窟室除了禅房有窗洞之外，伸手不见五指。此情此景，令我永远难忘。"

尘封千年的西域，吸引着欧洲探险家们的目光，1900 年，瑞典人闯进楼兰古城。1901 年，英国人搜寻尼雅古城。

德国人不甘落后，于 1903 年从吐鲁番带走了 46 箱，每箱重 37 千克的文物。这一次，他们收获颇丰，那些最精美的壁画被切割下来装箱运走，而留给克孜尔石窟的则是触目惊心的伤痕。

德国人带走的壁画除佛教故事，还有现实生活中的人物画像。勒柯克在回忆中说："从画中人物的服饰衣着，以及绘画技巧的成熟洗练，可以推论该地的文明水准，要比同时期的日耳曼国度高出许多。"

克孜尔石窟距离今天新疆的库车县 40 千米，库车在维吾尔语中是"十字路口""通衢之路"的意思，这形象地说明了库车地理位置的特征。

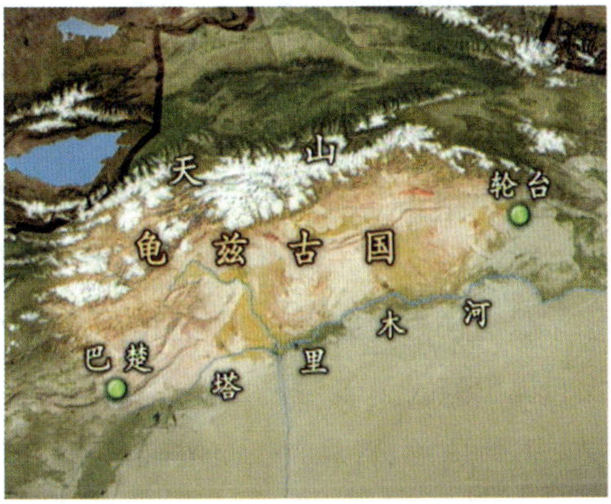

▲ 龟兹古国地理位置示意图

龟兹石窟研究所研究室副主任凯莱提·乌布力介绍：龟兹古国西起巴楚，东到轮台，南临塔里木河，北至天山山麓。"龟兹"是生活在这里的人们对自己国家的一种称呼，意思是白色。到了 9 世纪，从漠北迁来的回鹘人把这个地方称为"库车"。今天，生活在这里的居民主要是维吾尔族。

"龟兹"二字最早见于《汉书·西域传》。在新华字典中，当"龟"发"丘"的音时，解释为"汉朝西域国名"。

一、鲍尔文书

1890 年，当地居民在库木吐拉附近一个废弃的关隘里，发现一叠上面有手抄文字的桦树皮。可是，当地的人们不认识这些文字。这时，恰逢一位名

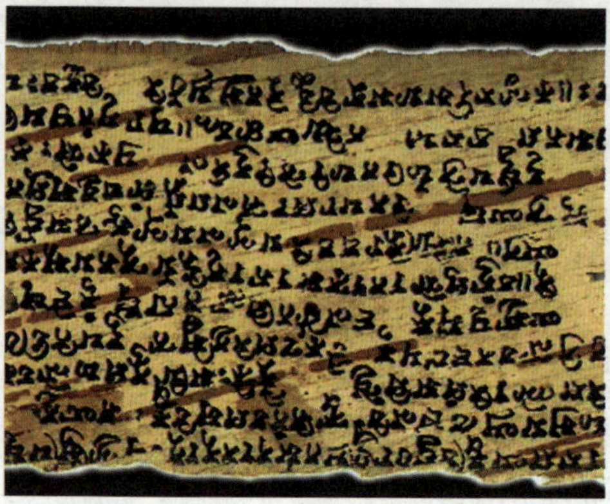
▲ 写在桦树皮上的古代文书

叫鲍尔的英国军官来到库车，他买下了其中的51页，带回印度交给加尔各答的孟加拉亚洲学会。这些古代手稿被称为“鲍尔文书”。

第二年，孟加拉亚洲学会的德裔语言学秘书霍恩勒发表了一篇报告，称他解读出这些古代文字是用婆罗迷字母书写的古代印度梵语，内容有关医药，时间在4世纪。

此前人们知道的最古老的写本是11世纪的，而“鲍尔文书”的年代是4世纪，这在世界上引起了轰动。

这个发现大大提高了人们研究新疆的兴趣，当时俄国和英国驻喀什的领事，奉各自国家政府的命令，努力搜寻偶然出土的古代写本。后来又发现的古代写本残卷五花八门，用于书写的材料多种多样，有棕榈叶、桦树皮、木板、竹子、皮革、丝绸、纸等。另外，使用的字母也多种多样，有婆罗迷笈多字母、佉卢文字母，拼写出的语言除梵语、回鹘语，还有些至今连语言学家也弄不懂的文字。

其中有一种最难解读的用婆罗迷字母中亚斜体拼写的文字，引起了学者们极大的兴趣。这种文字许多句子连在一起，无法把单词分开，即使熟悉梵语的学者也仅勉强能认出其中一些印度的名字、医药名词和佛教术语。那么，这些文字究竟是一种什么语言呢？

1907年，德国一位语言学家从一篇回鹘文的手稿中发现了蛛丝马迹。

二、吐火罗语

复旦大学教授钱文忠介绍，德国学者缪勒研究的回鹘文《弥勒会见记》是由一个僧人从“TOXRI”（汉文古籍中对应的是“吐火罗”）翻译成回鹘文的，于是，把它命名为“吐火罗”语。

▲“吐火罗”语残卷

1908年，德国学者西格和西格灵发现，吐火罗语的数词、亲属名称、家畜、人体各部位名称，同印欧语系西支的一些语言有所对应，因此，确定这种语言的性质属印欧语系西支。

钱文忠教授介绍：“这个语言反映的特性是印欧语的西支语言，然而，它的出土地却在今天流行印欧语地域的极东之地——中国的新疆，这就意味着是否在中国新疆有过一支印欧人，这支印欧人曾经拥有自己的语言和文字。”

这个发现令学者们感到十分惊讶，印欧语系西支是流行于包括今天西欧一些地区的语言，而吐火罗语却流行于东方。从地理位置上看，它甚至在印欧语系东支伊朗的东边，恰似一个语言飞地。其中奥秘何在呢？这个民族和这种语言是如何实现这种地理跨越？而这个民族或者说这支人群后来到哪里去了？这个语言后来又到哪里去了？为什么在印欧语的西部却没有留下它的任何痕迹呢？

各方学者探讨了近一个世纪，仍然没有找到满意的答案。

以后的几十年中，语言学家们锲而不舍地研究吐火罗语的文字残卷，终于有了新的发现。这些文书的内容不一样，比如吐火罗语A的内容都是佛经。而吐火罗语B除了佛经外，还有一些世俗文书，如护照、情书等。后来进一步发现这两种语言有着明显的亲缘关系：它有些字一样，有些字不一样。于是，专家们就把它区分成两种方言：吐火罗语A主要发现在焉耆，称之为焉耆语，而吐火罗语B几乎仅发现在库车，也就是古代的龟兹，称之为龟兹语。

1913年，法国学者列维发表了著名论文《乙种吐火罗语为库车语考》。他根据史料，令人信服地证明所谓乙种也就是B种吐火罗语就是古代龟兹的当

▲ 列维像

地语言。

西方的语言学家们凭着几页残缺的古文字，不但发现了一个已经死亡的语言，而且破解了一个千古之谜：一个消失了1000多年的民族若隐若现于塔里木盆地的绿洲之中，他们叫吐火罗人，他们使用着吐火罗语。

西方的探险家和学者们来也匆匆，去也匆匆，虽然他们对带走的文物做了足够详尽的研究，但能够带走的毕竟是一个文化的枝叶，留下的才是它的根脉。

生活于龟兹古国的吐火罗人来自哪里？他们在这块绿洲上做了什么？在我们的荒漠戈壁下面还埋藏着更多的秘密。

三、吐火罗人

1989年7月，人们在地处龟兹古国境内的拜城县克孜尔乡举行刁羊比赛，马匹将一处地面踩塌，把一个天大的秘密暴露在世人面前。

吐火罗：吐火罗人是最早定居天山南北的古代民族之一，阿尔泰山至巴里坤草原之间的月氏人、天山南麓的龟兹人和焉耆人、吐鲁番盆地的车师人以及塔里木盆地东部的楼兰人，都是吐火罗人。具有千年文明史的楼兰文明，对中国佛教史发生重大影响的龟兹文明，融会东西方多种文化因素的吐鲁番文明，也都是吐火罗人创造的。他们对西域文明，乃至整个中国文明的发生、发展都起过重要作用。

拜城县文管所所长吐逊江·木沙介绍："我们发现了许多座古墓。在此后的3年中，有关部门进行了4次抢救性的发掘，共发掘墓葬160余座。"

这些墓葬以多人多层合葬为主，它的特点一是有陪葬，陪葬的有人，有黄羊骨头等。二是葬式多侧身屈肢，头向西北。经碳-14测定，时间在公元前1000—前600年。在这个时期，中原的文献对龟兹还没有记载，我们不知道这里的社会状况，不知道被葬者的身份和社会地位，甚至不知道他们的种族。

那么，这些墓葬的主人是说吐火罗语，来自西方的那些人吗？考古工作者将一批颅骨送到新疆博物馆进行测定。

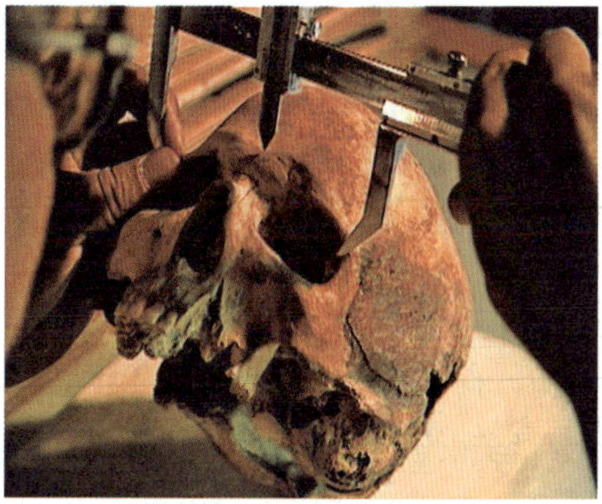

▲ 测量结果说明龟兹古国居民的祖先是古欧洲人

人类学专家王博介绍："从直观上看，这批头骨是男性，它的乳突比较大，眉骨比较明显，鼻骨比较高，这明显是白种人的特点，也就是欧罗巴人种的特点。"

不过，依靠颅骨的面部特征来判断人种，仅凭直观是不可靠的，还需要经过 30 个测量点取得科学的数据，才能认定。

王博说："鼻颧角是颧骨 FMO 三点形成的夹角，这是鉴定和认识人类种族的一个重要数据。蒙古人种的这个夹角一般是 145 度以上，欧罗巴人种一般小于 145 度，也就是说，这个夹角越大越趋向于蒙古人种，反之越趋向于欧罗巴人种。我们测量的结果是 136 度，说明他面部的颧骨比较突出，可以说是趋向于欧罗巴人种。"

至此，人类学与语言学的解读结果取得惊人的一致：龟兹古国人的祖先是古欧洲人。这支古欧洲人甚至向东迁徙曾到达罗布泊一带的楼兰。

2003 年 12 月，在新疆小河墓地出土的一具被考古队员称为"小河公主"的干尸，经测定为典型的欧罗巴人种。

专家林梅村介绍："在学术上，这些吐火罗人至少分布成 4 个民族，北边是游牧民族，南边是绿洲民族。这个游牧民族就是所谓的大月氏

小河公主：于新疆罗布泊小河遗址发掘出的一具女性干尸，虽然经历了 4000 年，但干尸保存得十分完好，面部笑容清晰可见，因发现于小河遗址，所以将其命名为"小河公主"。斯文·赫定组织的西北联合考察团成员贝格曼是第一个发现小河公主的人。但是小河公主在惊世一现后，又沉入沙漠。直到 2000 年，中国考古学家才再次发现了她。

人，据《汉书》记载，公元前2世纪，他们从敦煌北边的草原地带迁徙到中亚。在中亚，有很多亚历山大东征时带来的希腊人，希腊人管大月氏人叫吐火罗人。唐朝则把现在阿富汗的西北部称为吐火罗斯坦。可以说，在西域36国里，至少我们知道龟兹、焉耆、楼兰等3个王国的民族是属于吐火罗人。”

早在1980年，在东距楼兰古城100千米发现的史前墓葬“太阳墓葬”，就是公元前2310—前1535年的遗存。不久，又在孔雀河下游出土了一具被称为“楼兰美女”的古代女性干尸，经测定时间为3800年前，也是古欧洲人种。

种种迹象表明，古欧洲人的一支在4000多年前就来到了西域。他们从欧亚草原迁到新疆时还没有和法国人、意大利人的祖先在一起生活，他们分化得比较早。他们迁到新疆后，又过了几百年，印度的雅利安人和伊朗的雅利安人才开始再向东方迁徙，所以实际上它的语言跟西部接近的原因是由于它的原始性，吐火罗人还有意大利人和印度的雅利安人，他们共同的血缘地在里海黑河北岸的欧亚草原，然后再从这个地区逐渐向四方迁徙。

研究表明，挖掘发现的这些龟兹古国居民的颅骨，与南西伯利亚、哈萨克斯坦、伏尔加河草原和咸海沿岸地带分布的青铜时期居民的颅骨，同属原始的古欧洲人类型，他们是迄今所知欧亚大陆上时代最早、分布位置最靠东的古欧洲人类型。

远道而来的古欧洲人在新疆绿洲居住下来，后来在石窟的壁画上留下了自己的形象。

供养人出资建造了石窟，为表明永世对佛的陪伴和供养的决心，他们将自己和家人的肖像绘在石窟门的左右两侧或甬道两壁。

第205窟门的右侧墙壁上绘有一幅精美的供养人像，壁画上的梵文题记说明是国王托提卡和王后斯瓦扬普拉芭。

画面上如此温文尔雅的国王和雍容华贵的王后，统治着怎样的王国呢？

1000多年后，繁华落尽，荒漠上留下了一座座古城的废墟。今天，在龟兹古国境内残存的古城遗址大约有上百座，既有当地居民生活的聚落，也有汉唐将士戍边的城堡。

▲ 壁画现藏于德国柏林的印度博物馆

这些残存的古城遗址大的有二三平方千米，小的如一个学校的操场。古国为何有这么多的城？它们之间有着什么样的关系呢？

专家贾应逸介绍：“王城统治邦城是西域古国的基本形制，每个城邦国都有好几个城市。”

那么，在上百座古城废墟中，哪一座是龟兹古国的都城呢？

《汉书·西域传》记载：“龟兹国，王治延城，去长安七千四百八十里。”文献只说国都为延城，但并未指明延城所在的具体位置。

1958年，农民在库车古城墙脚下发现了一些陶器和人骨架，考古学家黄文弼立即来到库车考察。他发现库车的古城与附近水系的关系，与郦道元所著《水经注》中对古代延城与附近几条水系关系的描绘，竟然完全一样。

▲ 龟兹古国的故城遗址

经测量发现，古城残存的墙垣遗迹周长6600米，正符合唐朝初年玄奘所见“国大都城，周十七八里。”由此断定：这里应该是龟兹古国的都城。

《晋书》曾这样描绘龟兹都城：城中有佛塔寺庙千所，王宫壮丽，焕若神居。库车城中至今仍可见到多处高大建筑台基风化成的一座座土墩。

今天的人们仅凭残垣断壁已经难以想象当年龟兹的辉煌，但石窟的壁画证明了文献记载的真实：在库木吐拉石窟的壁画中有当时的建筑，虽然看不到内部的富丽堂皇，却能够感受到外部的高大雄伟。因为这样的建筑，用于宗教以敬神，用于世俗以住国王，都足够了。

许多年来，人们常常用神秘来形容西域，神秘感既来自地域的遥远，也来自历史记载的模糊，更来自这里许多我们尚无法解释的现象，以待后世的人们继续探索。

在克孜尔石窟存留的大部分壁画中，一种奇特的蓝色无处不在，古罗马人把这种蓝色称为“来自大海另一边的蓝”。

佛国寻踪

一、奇特的蓝色

1906 年 1 月的一天，当德国皇家吐鲁番考察队进入克孜尔石窟时，洞窟中保留的壁画让他们大吃一惊。多年之后，考察队员勒柯克回忆：“重见天日的石窟中，不但壁画保存完整，而且颜色湛蓝得让人眼前一亮。”

壁画中的这种蓝色是用一种名叫青金石的宝石原料制成的。当壁画历经风尘，其他的颜料难以辨认其本来面目时，唯有这种蓝色没有褪色，绚丽如初。

▲ 这种奇特的蓝色普遍存在于克孜尔石窟的壁画中

青金石原产于距离龟兹 1500 千米之遥的阿富汗，它具有诱人的深蓝色调，又有闪烁金光的黄铁矿星点。当古代的商人将它们运到龟兹时，青金石的价格已经比黄金高出了好几倍。

在克孜尔，青金石被广泛使用在各个时期的佛教壁画创作中。在克孜尔第 171 窟的壁画上，古代的画家还在佛像的袈裟上涂上一层厚厚的金粉与金箔。今天，我们仍能看出它们被后人刮去的痕迹。当年洞中丹青交织，金光闪烁的景象，是重金换得的。

▲ 价比黄金的青金石

斗转星移，今天的库车，已经很难找到佛教对当地人生活的影响。阳光依然照耀在这片土地上，曾经深刻影响龟兹的佛教是如何来到这里，它在这个绿洲国家的命运又会是怎样的呢？

龟兹：古代西域大国之一，最早见于班固的《汉书》中。拥有比莫高窟历史更加久远的石窟艺术，因而被称作“第二个敦煌莫高窟”。龟兹处于古印度、希腊—罗马、波斯、汉唐四大文明在世界上唯一的交汇之处，居民多属于雅利安人种。对研究中亚、西亚，及至东亚古代文化渊源有着重要意义。

公元前6世纪，佛祖释迦牟尼创立了佛教。在历史上，释迦牟尼确有其人，他原名乔达摩·悉达多，是一个古印度小国的王子。有一个早期犍陀罗佛教的雕刻作品，描述了佛祖诞生的场面：传说佛祖的母亲摩耶王后经过无忧树下，伸手去抚摸树枝时，天空中仙乐鸣奏，花雨缤纷而降，王子从母亲的右肋下生出。这一天是公元前565年。多年以后，年轻的乔达摩·悉达多王子目睹人间的苦难，毅然放弃了王位，出家修行，创立佛教。有雕刻作品表现了佛祖涅槃的场景：他安详地躺在那里，周围是面带悲哀之色的信徒，俗

▲ 早期犍陀罗佛教的雕刻作品：佛祖诞生（左）、佛祖涅槃（右）

世中的王子乔达摩·悉达多死去了，但是佛祖释迦牟尼和他的佛教却自此获得了永生。

这些早期犍陀罗佛教雕刻作品创作于2世纪，充分说明了当时佛教在今天的印度、阿富汗地区已经广泛流传。而在此前后，伴随着古代中西方的交流，佛教来到了龟兹。

二、佛教传入

从印度、阿富汗地区到龟兹，途中要翻越帕米尔高原，穿越流沙和荒漠，是谁把佛教带到了龟兹？他们曾经走过的路又在哪里呢？

克孜尔尕哈石窟位于今天库车县附近一处荒凉的山谷里，在库车地区数量众多的石窟中，克孜尔尕哈距离县城最近。

在维吾尔语中，克孜尔尕哈是“姑娘留下”的意思。如今留在这里生活的只有阿木提老人和他的儿子热合曼，他们是克孜尔尕哈石窟的文物管理员。

除了石窟的日常看护，阿木提父子还要负责管理石窟附近的克孜尔尕哈烽燧。克孜尔尕哈烽燧是今天新疆保存最为完好的汉朝烽燧。烽燧俗称烽火台，它们大多分布在交通要道两边。克孜尔尕哈烽燧守护的是这片山谷里一条寂静的古道，这条古道曾经拥有一个响亮的名字——丝绸之路。

公元前139年，汉武帝派张骞出使西域，这标志着横贯中亚、连接东西的丝绸之路正式形成。其实在此之前，民间的贸易往来已经络绎不绝，古代中国的丝绸通过这一地区被中亚商人输送到古希腊和古罗马。张骞出使西域之前，人们对那片遥远的地方一无所知。张骞西域之行使得当时的人们第一次详细、准确地了解到西域的山川道路和风土人情。从那以后，丝绸之路真正进入了中原王朝的视野，并以前所未有的速度和规模活跃起来。

往来于丝绸之路中路的商人和使者络绎不绝地经过龟兹，在这些商人的身后，是满载货物的骆驼、牛和毛驴。

▲ 壁画中穿着龟兹服装的商人形象十分常见

奔走于丝绸之路的商人们携带的不仅是沉重的货物，也带来了一种龟兹人闻所未闻的宗教。

专家认为，佛教和国际商人之间有着十分密切的关系，这些石窟也是为商人服务的——供他们进行祷告、礼拜和供佛。

跋涉在丝绸之路上的商队把龟兹当作重要的补给基地，他们在这里交易货物，补充水和食物。克孜尔尕哈第22窟是龟兹地区最大的僧房窟，它最多可容纳数百人。除供僧人们修行之外，也为途经这里的商队提供了方便。商人们希望佛祖为他们保佑平安，带来财富。

僧房窟：我国的石窟可分为7类：窟内立有中心塔柱的塔庙窟；无中心塔柱的佛殿窟；主要为僧人生活起居和禅行的僧房窟；塔庙窟和佛殿窟中雕塑大型佛像的大像窟；佛殿窟内设坛置像的佛坛窟；僧房窟中专为禅行的小型禅窟（罗汉窟）；小型禅窟组成的禅窟群。

而那些本地的龟兹人，又怎样看待这种陌生的外来宗教呢？

当时龟兹古国的中心位于今天新疆南部的库车绿洲，独特的地理条件使这里水草丰美，物产丰富。

汉晋时期，龟兹国所在的今天的库车县是塔里木河流域最大的一片绿洲，据资料记载，龟兹国的人口在西汉初期有81700多人。

肥沃的绿洲滋养着众多的人口，众多的人口和独特的地理环境为佛教在龟兹的流传提供了条件，龟兹人向佛教敞开了自己的怀抱。

克孜尔第66窟是一座十分普通的僧房窟，窟内的地面有几个人工凿出的石坑。在古代，这些石坑是僧人存放书籍和佛经之处。1906年，德国探险家勒柯克在这里发现了几件龟兹文和直体佉卢文的木简残片。

北京大学的林梅村教授通过研究，破解了其中的秘密：勒柯克第5号文

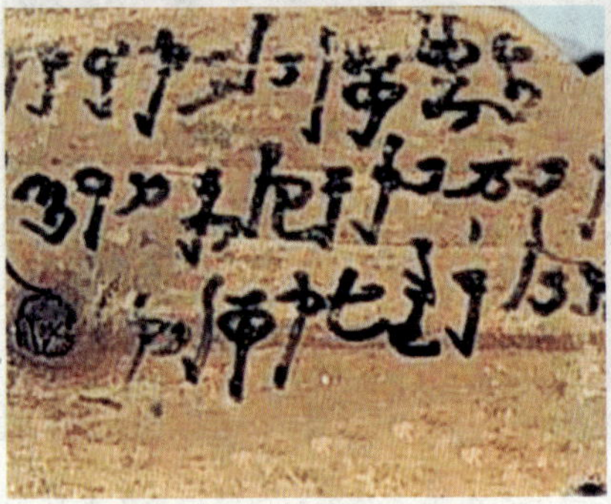

▲ 内容涉及寺庙的古代文书

▲ 龟兹供养人画像

佉卢文： 公元前3世纪印度孔雀王朝阿育王时期的文字，由252个不同的符号表示各种辅音和元音的组合。最早在印度西北部和今巴基斯坦一带使用，1—2世纪时在中亚地区广泛传播。4世纪中叶以后逐渐消失。到18世纪末时，佉卢文已成了一种无人可识的死文字。

书正面的大意是：伟大的龟兹王、威德宏大的金华在位某年9月8日，此地龟兹长老们不断地向女供养人比沙尼鞠躬，不仅对她的美德感到欣喜，而且为她解囊相助感到高兴。而第5号文书背面则记载了这样一句话：供养人为了神的利益，向僧人伽摩耶布施。

这些文书生动地反映出当时的龟兹人对佛教的虔诚和慷慨。

克孜尔尕哈石窟第13窟的甬道上有一排精美的龟兹供养人画像，其中的一个供养人形象十分特别：他留着长发，头的背后有一轮光圈；衣着华丽，腰佩长剑；在他的脚下，还有一个人从地下探出身子，高举双手向上托着，这个人物形象叫圭地。能被神托着的供养人的身份自然不同寻常，他就是当时的一位龟兹国王。在国王的旁边，还可以看到王后的画像，同样衣着华丽，雍容典雅。

种种迹象表明，当年的克孜尔尕哈石窟是一座龟兹王室专用的佛教石窟寺院。

专家认为，龟兹很快就接受了佛教。因为每一个统治者都需要用一种思想来统治国民，佛教正好符合龟兹当时社会发展的需要。

三、空前兴盛

来自国王、商队和普通民众的供养，使得佛教在龟兹空前兴盛起来。

仿照印度的佛教寺庙和石窟被大量地开凿，昂贵的青金石和璀璨的黄金装饰着佛的世界。壁画中的人物手持宝镜，头上佩戴着珠宝，脖子上挂着项链，当佛教在这里最兴盛时，龟兹的僧侣超过了1万人。

建造石窟和维持寺院的生存，需要一笔巨大的费用。那么，古代的龟兹人究竟有多富裕呢？

专家介绍："这个国家的畜牧业、农业和冶铁业都很发达，还有贸易要征税，因此它是很富裕的。"

在新疆新和县西南22千米的地方，有一处古代龟兹的城市遗址，当地人称它为"玉奇喀特"，意思是三重城。遗址由外城、中城和内城三道城郭组成，最外的一重城墙长1450米，宽800多米。

379年，出于权力之争，龟兹国王的弟弟请求中原王朝发兵攻打龟兹，前秦将军吕光率军出征，在龟兹城下，遇到了龟兹国王70万西域联军的抵抗。

史书记载，吕光取得了胜利，当他率军进入龟兹时，龟兹王宫的奢华壮丽让他大吃一惊，吕光甚至让部下模仿《阿房宫赋》的体例，写了一篇《龟兹宫赋》，以此来讽刺战败的龟兹国王。

皮朗古城曾经是唐朝时期龟兹都城的所在地。据记载，龟兹不但以王宫壮丽而著称，其佛教寺院建筑也十分宏伟。

千年的时光转瞬即逝，当年的龟兹王宫已不存在，那些壮观的佛寺又会在哪里呢？

在库车县东北23千米的雀尔达格山麓，有一群规模宏大的古代建筑遗迹，僧房和寺院遗迹连绵不绝，随着起伏的山势层层展开，人们称之为"苏巴什遗址"。经考古研究，学者们认为这里曾是一处古代龟兹的佛教寺院。整

▲ 规模宏大的昭怙厘大寺遗址，佐证了当年这里佛教是多么兴盛

个遗址分为东西两部分，铜厂河水从它们中间流过，根据这种特殊的地形，人们推测它就是唐朝僧人玄奘在《大唐西域记》里记载过的昭怙厘大寺。因为音译不同，也被人称为雀离大寺。

其位于铜厂河西岸的西区遗址，南北长700米，东西宽约200米。最引人瞩目的是一座高10多米的方形佛塔，它由坚硬的生土建筑而成。登上塔顶，可以眺望苏巴什遗址的全貌。铜厂河东岸的东区遗址，沿河崖而筑的部分建筑因洪水冲刷和崖壁的塌陷已荡然无存。在它的南端，还保存着一组寺院遗址。遗址中部有一座雄伟的圆顶佛塔，围绕圆塔的墙面上，当年曾经塑有一排排庄严精美的佛像。

与中原信奉大乘佛教不同，当时的龟兹信奉的是小乘佛教，在这个富裕的王国里，人们追求的却是当一名苦行僧。

苏巴什西区至今还保留着一些奇怪的建筑遗迹。走进长长的甬道，两侧是一个个幽暗狭小的洞窟，它的高度和深度，只能容纳一个人在内盘腿打坐。

大乘佛教：在佛教的声闻、缘觉和菩萨乘的三乘教法中，菩萨乘（或佛乘）为大乘教法。也有一些现代学者认为，大乘佛教专指汉传佛教，并与南传、藏传（密乘）组成现代佛教的三大语系。大乘佛教追求菩萨道的普度众生，求无上菩提的佛果。“乘”源自梵文，指运载工具，比喻佛法济度众生，能载人由此达彼。

小乘是出世思想，就是离世，到深山里面去修炼，脱离生活。

在克孜尔第118窟，窟顶的壁画就表现了僧人修行的场面，在修行者的周围是山峰、树木和水池，画面充斥着静动对比，衬托出修行者“心注一境”的境界。

在克孜尔石窟的壁画上，可以感受到小乘

佛教的其他特点，无论是主室正面的佛龛、窟顶，还是四周的墙壁，描绘的对象都是佛祖释迦牟尼，只有主室门上通常绘有代表未来的弥勒菩萨。

▲ 壁画上的小乘佛教修行者

虔诚的小乘佛教僧人，追寻着导师释迦牟尼的行迹，在僻静幽暗的洞窟里静坐修行，日复一日，年复一年。

出乎意料的是，在这些小乘僧人之中竟然诞生了一位大乘的高僧，他不但影响了龟兹的佛教，也改变了中原佛教的面貌。

4 世纪初的一天，一位名叫鸠摩罗炎的印度小国宰相厌倦了做官，辞去相位来到了龟兹。后来，他与龟兹国王的妹妹结婚生子，他们的孩子名叫鸠摩罗什。

鸠摩罗什 7 岁那年跟随母亲出家，之后他前往印度学习佛法。归国后，年轻的鸠摩罗什成为举国闻名的大师。当鸠摩罗什升堂讲经弘法时，龟兹国王甚至跪在法座之下，让鸠摩罗什踩着自己的肩膀踏上讲台。

在鸠摩罗什生活的时期，佛教已经在中原地区广泛流行，当时人们所读的佛经都是从梵文和吐火罗文翻译而来的。由于语言的隔阂，翻译后的佛经本意很难被准确地表达出来，这使得当时的中原佛教出现了混乱。鸠摩罗什精通梵文和吐火罗文，他在 40 岁那年被前秦将军吕光带往中原，在那之后，鸠摩罗什专心致力于佛经的翻译和修订，统一了标准，结束了纷争。他使中原更多的人可以接触到佛教，将佛教从贵族的庙堂带进了普通的百姓人家。

鸠摩罗什：东晋时后秦高僧，著名的佛经翻译家，与真谛、玄奘、义净并称为中国四大译经师。由于他的译文简洁晓畅，妙义自然诠显无碍，所以深受众人的喜爱，因而广为流传，对于佛教的发展有很大贡献。中国之佛教也因为他而面目一新。

▲ 鸠摩罗什舍利塔

后来，鸠摩罗什再也没有回过故乡。413年，70岁的他在中原圆寂，他的遗体被火化，骨灰被安放在甘肃省酒泉市供奉祭祀。

当鸠摩罗什准备离开龟兹的时候，精通佛法的他能够预想到自己的将来吗？向东望去，那是一片广阔的天地和一个悠久灿烂的古老文明，在他的背后，开凿石窟的锤声此起彼伏，不绝于耳，一个新的时代正在徐徐拉开序幕。

距库车23千米的地方，有一处苏巴什佛寺遗址。从遗存的残墙判断，这里曾有高大的讲经堂和众多的佛塔。今天，寺中还有一个基座相对完整的塔庙。

龟兹遗风

一、唯王不剪发

塔座里挖掘出了坟墓，而且令人意想不到的是，里面埋葬的竟然不是僧人。

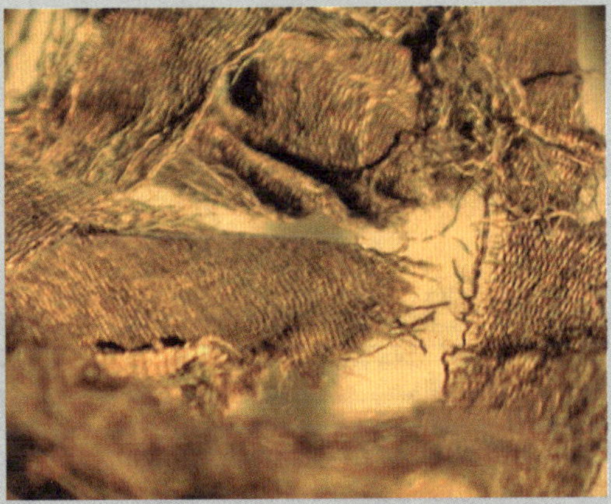

▲ 墓主人穿的衣料是表层用黄金织就的龟兹锦

种种迹象表明，墓主人具有相当高的身份。通过对遗骨和牙齿的分析，确定墓主人为一位年轻女性。令人不解的是，墓主人的骨盆处有一堆细小的人骨头，专家们据此猜测，这可能是一位死于难产的龟兹王室成员。

墓主人颅骨的前额被人为压扁，如同古代的伊朗、阿富汗等国一样，龟兹贵族也有死后将头颅变形的习俗。

古代龟兹人还有一些奇特的习俗。据《旧唐书·西域传》记载：龟兹人

拜占庭帝国：即东罗马帝国，位于欧洲东部，领土曾包括亚洲西部和非洲北部，是古代和中世纪欧洲最悠久的君主制国家。拜占庭帝国共历经12个朝代，93位皇帝。首都为君士坦丁堡，1453年被奥斯曼土耳其攻入君士坦丁堡而灭亡。

“男女皆剪发，垂与项齐，唯王不剪发”。克孜尔尕哈第80窟、第114窟壁画中的人像是短发齐肩。如果说剪发是一种习俗，那么，不剪发便会成为特权。事实果真如此，国王虽然前额短发中分，但头部后面却是长发披肩。

有趣的是，从欧洲博物馆收藏的一些器物上，可以看到古代波斯拜占庭也流行相同的习俗，即国王和贵族留发，奴隶剪发。

何为王、何为民？从龟兹贵族的衣着上可以分辨出来。克孜尔尕哈第14窟壁画中的贵族供养人，头上有光圈的就是国王或王后。画面虽然已经破损，但仔细观察仍可发现国王穿的外套是半袖。王后的衣装花团锦簇，更加华贵，外面也套着一件半袖锦衣。

哥特式艺术：12—16世纪欧洲出现的以建筑为主的艺术，包括雕塑、绘画和工艺美术。哥特式艺术的特点是夸张、不对称、复杂多装饰，并频繁使用纵向延伸的线条。表现在建筑上，就是尖拱券、小尖塔、垛墙、飞扶壁和彩色玻璃镶嵌等典型元素。

1906年，德国探险家第一次进入克孜尔尕哈石窟时，发现壁画上的供养人腰间所佩的长剑，与早期哥特式佩剑极为相似，而画中仕女的穿着打扮，又很有欧洲味道。他们切割了许多供养人画像带回了德国。纵观龟兹石窟供养人画

▲ 或许半袖装就是国王和王后身份的标志

▲ 龟兹自古干旱多风沙，如此装束既可以防止风沙，又方便骑射

▲ 菱格画中头发包起来的国王

像，无论平民、武士、贵族、国王，腰间都要佩剑一柄，可以说，佩剑对于龟兹人有着非同寻常的含义。

克孜尔尕哈石窟的供养人都是深目、高鼻、红色的头发，这应该是古龟兹人的外貌特征。他们上衣长及膝，对襟、翻领、袖口窄小，下身穿裤装，足着尖头长筒靴，腰间束带。

克孜尔尕哈第 14 窟穹顶的菱格画，画的是佛教本生故事，但人物形象却是现实中的龟兹人。其中骑在同一匹马上的两个人物画像也身穿双领对襟大衣、高筒靴、束腰带，可见这就是一般龟兹平民的衣着。

专家贾应逸介绍，壁画上从着装就可以分辨出国王、王子、大臣和普通老百姓是什么样子，还可以看到这里的人们服装演变很有意思的过程。比如史书记载，龟兹国王要用绸子包头，壁画上头发包起来的就是国王了。王子不能包头发，只有“剪发垂项”。

二、美酒不论杯

曾经游牧民族的祖先，来到绿洲后逐渐习惯了农耕生活。

1958 年 3 月，当地的农民在龟兹古城中的哈拉墩取土，发现了陶制品。

▲ 专家们推测这里可能是唐朝的一处酒窖

▲ 如今这里的葡萄依然名扬四海

考古队在这里发掘出土3组排列整齐的大陶缸，陶缸周围又出土了“开元通宝”铜钱和“大历元宝”各1枚。无疑这是一个唐朝的遗址。

考古工作者在陶缸的周围和下方开了几个探方，发掘出石器和骨器，石器中有石镰、石锄、石刀等。说明这是一处定居的以农业经济为主体的文化类型遗存。

葡萄作为绿洲农业的主要经济作物，很早就在吐鲁番盆地种植了。由于葡萄表皮生长有酵母菌，无须酒曲就可以将葡萄自然发酵酿为酒，葡萄酒就成为一种比较容易制作的饮品。

383年，前秦大将吕光奉命远征龟兹，《晋书·载记·吕光》记述：“胡人奢侈，厚于养生，家有葡萄酒，或至千斛，经10年不败，士卒沦没酒藏者相继矣”。

吐鲁番著名的阿斯塔那古墓出土的上万件文书中，有不少记载了4—8世纪吐鲁番地区葡萄园种植、经营、租让及葡萄酒买卖的情况。从中可以看出，那个时期葡萄酒生产的规模是很大的。

吐鲁番文书中有一件与龟兹有关，这是两个农民之间诉讼的状子。原告是吐鲁番的阿梁，他在龟兹有个葡萄园，租给了一个叫卜安宝的人。文书约定卜安宝必须到冬天用东西把葡萄覆盖起来，以免冻伤或冻死。但卜安宝没有按约定去做。

诉状说，现在天气渐冷，女人都盖被子了，卜安宝仍未将葡萄覆盖，请官府商量处分。官府受理后，判卜安宝覆盖葡萄。

一纸诉状，反映了唐朝时期龟兹的社会生活，生动而又具体。这其中既有土地租赁的状况，又有葡萄种植的方法。

在克孜尔尕哈第47窟中，飞天人抛撒的供奉之物中，有一种很像是葡萄。

在龟兹古城及附近地方出土数量惊人的陶缸，让人们可以想见当时这里葡萄酒的产量，以及唐朝诗人醉酒吟诗的情景。

新疆博物馆收藏有一份被裁剪成鞋样的文书，也出土于阿斯塔那古墓，文书的内容则是租酒的账目。

从这份《租酒账》中，我们可以知道租种葡萄亩数和以酒交租的关系：一个叫庆则的人，租种葡萄贰亩半，上年结余酒伍（斛），当年需交酒两姓另贰拾陆斛。其中两姓的“姓”字，引起了专家们的争议，有的认为是酒的计量单位，有的认为表示人，还有的人认为是“罂”的通假字，即装酒的缸。

武汉大学历史系教授陈国灿认为，葡萄酒有一些基本的计量单位，其中有一个单位就叫“姓”。据研究，1姓大概等于5斗。高昌、龟兹一带的酒都是以斗为计量单位。那容器是什么呢？在库车、吐鲁番发现的那种很大的陶缸，实际上就是酒缸。特别是在库车，曾经发现过埋在地下很整齐的一个接一个的缸，就是古代人用来酿酒的。至于1个缸装多少“姓”，现在还没有具体的测算。

▲ 这一缸葡萄酒至少可分装为今天的700多瓶

库车文管所收藏有一口较为完整的大陶缸，缸高1.19米，最大直径1米，最小直径0.5米，按照今天的计算方法，缸的容积应该是500多升。

1972年，在库车县龟兹古城东北区域的一条水渠旁的黄土层中，发现了成排的大陶缸；1982年8月23日，在龟兹古城西城墙内发现大陶缸5口；1983年11月14日，在库木吐拉古城塔院南约200米处发现陶缸4口；1984年8月21日至9月1日，在库木吐拉村西河岸的达吾子牙，先后发现大陶缸16口。其中2口缸内还发现了葡萄籽粒。

1986年10月，在龟兹古城的供电所后院挖出陶缸6口；1983年9月至1991年8月，先后在牙哈乡克内西古市遗址、阿艾河谷内的冶铁遗址、科西吐尔遗址、托克塔姆古驿站、阿克斯塘等地发现了大陶缸。发现数量如此惊人的陶缸，可以想见当时这里的葡萄酒产量有多么高。

出产如此多的葡萄美酒，龟兹人哪里消耗得了，富余的当然就销往中原。当年长安有许多胡人开的酒店，李白、白居易等诗人畅饮葡萄美酒的同时，留下了“葡萄酒，金叵罗，吴姬十五细马驮”“羌管吹杨柳，燕姬酌蒲萄”等许多洋溢着酒香的诗句。

三、养驴不养马

尽管身着便于骑马的衣装，但龟兹人和马的关系却不是特别紧密，龟兹古国不产良驹却养着大量的毛驴。

▲ 坐着驴车赶巴扎，这个习俗显然是从他们先人那里传承而来的

今天的库车还有驴背县城之称。这里的人们每逢赶巴扎，一家一户坐在铺了毯子的驴车上，自得其乐。上百辆驴车停在干枯的河道里，情景颇为壮观。库车40万人口，就有4万头毛驴。难怪有人打比方说，4万驴车一次就能拉走全县的人。

那么，千百年来，这里的人们为何只养毛驴不养马呢？

2000多年前，因为地处丝绸之路要冲，为给商团驮运货物，龟兹人大量饲养毛驴。在克孜尔尕哈第58窟的壁画中，有一则“萨缚燃臂引路”的故事：在萨缚引导下的商队，用来驮运货物的牲口就是毛驴。

毛驴作为运输工具是比较理想的，因为毛驴对饲料的要求很低，在戈壁大漠，骆驼刺、旱芦苇、胡杨树的树皮和叶子，它都可以吃。而马就很挑剔，非得吃专备的草料不可。在沙漠里，毛驴可以像骆驼一样喝盐碱水解渴，而人和马喝了这种水是要丧命的。毛驴的负重力很强，耐力也好，它可以负载与自己体重相当的东西行走一整天。

因此，一走进村子便到了毛驴的世界，家家有毛驴，每棵树下都拴着毛驴。

在库车，常常看见一人一驴车，行走在茫茫戈壁上，前后不见村落，一条模糊的沙石小路撇开柏油大道径直伸向荒漠深处。

四、坎土镘与冶铁术

在今天的新疆南部，农民最基本的生产工具是一种被称为“坎土镘”的铁锄，令人惊奇的是，1500多年前的壁画上就有“坎土镘”的形象。

千百年，足够造就一些文明，也足够摧毁一些文明。还是这块地方，龟兹变成了库车，吐火罗人变成了维吾尔族人，无论社会发生着怎样的变迁，绿洲的生活习俗却顽强地保留了下来。

克孜尔尕哈第175窟建于晋朝，壁画中耕地的农民手握的一种宽刃锄，与今天维吾尔族农民所用的“坎土镘”别无二致。

在千百年前，龟兹古国便能生产出这样的铁制工具，说明他们已经掌握了冶铁技术。

在库车以北的阿艾乡的山谷里，有一大片黑

吐火罗人：上古称为月氏，是原始印欧人的一支。汉朝时期，月氏被匈奴击败而西迁，征服了巴克特里亚以及恒河流域，建立了贵霜王朝。张骞到达月氏人的吐火罗斯坦后，把这里称为大夏。塔里木的吐火罗人最后被突厥人在8世纪同化，最终融于吉尔吉斯斯坦、乌兹别克斯坦、阿富汗等。吐火罗人的发现深化了人们对欧亚大陆古代民族分化迁徙的认识。

▲ 坎土镘与中原的锄头不同，它的刃很锋利，对付树根和砖块犹如削泥

▲ 阿艾矿冶遗迹是世界上迄今最壮观的古代矿冶遗迹

色的山，考古工作者在这里发现了古老的冶铁遗址。冶炼过的矿渣绵延 2 千米，将山坡染成了黑色。

专家李肖介绍，龟兹的矿冶有一个十分有趣的现象，就是顺着矿脉进行开采和就地冶炼。矿山上散布着一些小冶炼炉，人们把矿采出来后并不运到别处去，而是直接投到这些炉子里冶炼。因为矿脉顺着山势往上走，所以，冶炼后的矿渣也一直堆积到山顶，非常壮观。

专家们认为，那么大片的遗迹绝对不会是一个时期的产物，应该是不同的年代冶炼留下来的，因为炉渣的外貌和质地都有所不同。

那些分解状况不同的炉渣混杂在一起，分属于什么年代，时间又有多么久远，仅凭经验是难以判断的，进行科学技术的检测又非常复杂，最简便的方法是进行考古学的判断。

李肖介绍："那里面有很多碎陶片，从陶片的纹饰和复原起来的罐子的形状，以及陶质、陶色来看，它的年代应该属于汉朝。"

据记载，龟兹古国在汉朝便有了冶铁，到北魏有了更大的发展。《水经注·河水篇》说："龟兹城北二百里有山，夜则火光，昼日但烟，人取山中石炭冶此山中铁，恒充三十六国之用"。仅龟兹一国所产的铁即可满足西域 36 国的需要，可见其产量是多么高。

> **《水经注》**：6世纪北魏郦道元所著，是我国古代较完整的一部以记载河道水系为主的综合性地理著作，明清以后不少学者对它进行了深入细致的专门研究，形成“郦学”。它全面而系统地介绍了水道所流经地区的自然地理和经济地理等诸方面内容，是入选世界纪录协会的中国第一部水文地理专著。

高产量必须有强大的技术支撑，冶铁遗址的山坡上，除了矿渣，还有非常多的破碎陶管散布在那里，这一定与冶铁密不可分。

李肖介绍：“冶铁需要很高的温度，这并不是说只是把柴火架多一点就能达到那么高的熔点。它必须要鼓风，把更多的氧气打进去升高炉温，才能够把铁从矿石里还原出来。”

无疑这遍地的陶管就是鼓风管。鼓风是提高炉温的方法之一，而使用火力更强、更持久的燃料，是提高炉温的另一种方法。《水经注》说：“取山中石炭冶此山中铁”。石炭是煤的称谓，这表明龟兹在北魏时已经开始用煤炭冶铁了。这也是中国古代用煤炭作为冶铁燃料最早的记载。

遗憾的是，考古工作者只在这里的炉渣中发现了木炭渣，而没有发现煤渣。这难道是古人的记载有误吗？答案还有待于今后考古的发现。

今天的库车，打铁依然是当地人传统生活中不可缺少的组成部分。库车老城沙依巴克街边的一条巷子里，有相传13代的一家铁匠铺子。吐迪·艾则孜老人是第12代铁匠传人，他十二三岁跟父亲学打铁，50年一晃而过，如今老人已将打铁的手艺传给了自己的儿子，儿子成为第13代铁匠。

▲ 老人认为，现在儿子打镰刀的手艺还不行，只可以打些坎土镘

铁匠们在制作坎土镘时，还刻上家族的图案或名字，既便于维修，又显示了家族的荣誉。

铁匠铺里一支又一支的坎土镘被锻造出来，似乎在告诉人们，农耕文明的生命力是多么强大。

1927年夏，中国内蒙古额济纳地区迎来了一行庞大的骆驼队，人群中有金发碧眼的欧洲人，也有黑头发黄皮肤的中国人。

汉唐遗踪

一、龟兹考察第一人

这一行人是“中国西北科学考察团”，外方团长就是大名鼎鼎的瑞典探险家斯文·赫定，这是他第四次来中国了。

在这次考察活动中，一个年轻的中国人和斯文·赫定寸步不离，他的名字叫黄文弼。

北京东厂胡同的一栋普通居民楼里，黄文弼的儿子黄烈就居住在这里，他至今还保存着父亲当年的日记和考察资料。

▲ 黄文弼在考察途中

1915年，黄文弼考入北京大学哲学系，毕业后留校任教。1927年，斯文·赫定和当时的中国北洋政府达成了中外合作组建西北科学考察团的协议，年轻的黄文弼也报名参加了。

1928年初，西北科学考察团第一阶段工作结束，斯文·赫定等人返回欧洲，黄文弼只身一人前往新疆地区继续考察。这年7月底，他来到了库车地区考察。这一区域也是龟兹古国所在的区域。在此之前，没有中国学者在新疆地区进行过现代意义上的考古调查，黄文弼是第一人。

梵文：印度雅利安语的早期名称，印度教经典《吠陀经》即用梵文写成。梵文不仅是印度的古典语言，也是佛教的经典语言。最初的梵文佛经书写于贝多罗树叶上，故又称“贝叶经”。最具代表性的梵文字母有三种，悉昙体、兰札体及最为流行最为世人所知的天城体。天城体字母是得到印度教界及国际公认书写梵文的标准字母。

位于今天库车县城北100多千米的博孜克日格沟谷，是龟兹向北穿越天山山脉的交通要道。

1879年夏，一位迷路的清军士兵，无意中在沟谷入口处西面的崖壁上，发现了一处石刻。石刻的汉文隶书记载着东汉永寿四年（158），龟兹左将军刘平国在农历7月29日至8月12日，带领孟伯山等6名士兵在此凿岩筑亭，修建关隘的事迹。后来，这处石刻被称为《汉刘平国治关亭诵》。

1928年11月26日，黄文弼来到这里考察，发现石刻的字迹已模糊不清。但他发现，在谷口东西两侧的岩壁上，凿有一些直径1.6米，深1.3米的圆孔和类似的凿痕。黄文弼推断，这些圆孔和凿痕是当年设置关卡栅栏或木门时留下的。

▲《汉刘平国治关亭诵》石刻及其拓片

印欧语系：当代世界上分布区域最广的一个语系，使用者几乎遍及整个欧洲、美洲、澳大利亚、新西兰，以及非洲和亚洲的部分地区。从15世纪开始，随着欧洲殖民势力不断扩张，一些欧洲语言陆续传到世界其他许多地区，这是印欧语系分布如此之广的直接原因。

从石刻上的人名和纪年看，建造者无疑是汉朝的军民。而建造这些军事设施的目的就是防御匈奴人。

匈奴人是古代生活在蒙古高原至河套地区的少数民族。匈奴和汉朝之间战争频繁，为抵御匈奴人对丝绸之路的频频袭扰，汉朝历代政府分别在当时的龟兹境内建立了西域都护府，并以此为中心修建了大量的关隘、烽燧和城堡。

▲“烧毁的城池”，克尤克沁遗址从其名其地似乎仍可触摸到当年猛烈的战火

在库车地区东北方向有一座圆角长方形的古城遗址，它的名字叫克尤克沁。当地维吾尔族人将它称为“奎玉克协海尔”，意指烧毁的城池。

1928年，黄文弼在这座古城遗址的地面上发现了大量红衣黑胎的陶片。今天的古城遗址已经高度盐碱化，地貌也发生了巨大的改变，但那些红褐色的夹沙粗陶仍然随处可见。

黄文弼经过进一步考察发现，古城遗址周长940米，城中是一座6米多高的建筑遗址，据《汉书·西域传》记载，黄文弼推测这里就是汉朝西域小国——轮台国都城遗址。

二、西汉屯田固边关

从克尤克沁往东20多千米，有一座名为者尔库特的古城遗址，其周长1200多米。

当年，黄文弼在这座城中的高台遗迹挖掘出大量的麦壳，《汉书·西域传》曾记载：轮台、渠梨皆有田卒数百人，置使者校尉领护。麦壳的发现，说明这里曾经拥有粮仓。参照汉书记载的地理道路情况，黄文弼推测，者尔库特就是西汉政府设立的屯田校尉城。

▲ 者尔库特古城遗址

但是，汉军为何要在距离中原如此遥远的地方屯田呢？

原因之一是马。为与匈奴作战，西汉军队需要精良的战马来装备骑兵。汉武帝听说当时的大宛，即今天的中亚哈萨克斯坦的费尔干纳地区出产一种汗血宝马，于是派出使者前去寻找。但大宛拒绝将宝马献出，还杀死了汉朝的使者，愤怒的汉武帝派李广利统率大军西出玉门关，征伐万里之外的大宛。公元前 104 年，李广利第二次率军出征。当时的西域小国轮台也称为仑头，它处在汉军前进的道路上。

大军到了轮台，轮台不降。汉军攻打数日，灭亡了轮台。

汉军在轮台国旧址设立了屯田机构，在这一地区发展生产，供应保障在丝绸之路上来往官员和商人们的饮食起居。

公元前 60 年，西域都护府设立于这一地区的乌垒城，西域的历史自此进入了一个崭新的时期。

汉朝的军事胜利带来了当时西域社会的安定，从这一时期开始，绿洲古国龟兹变得更加繁荣。

安西大都护府，是唐朝在西域的最高行政机构，它的位置就在龟兹。安西大都护府鼎盛时期的疆域，到达今天的咸海和阿富汗地区。唐朝在西域地区驻军多达5万人，其中在龟兹地区驻有3万人。如果加上随行的工匠和家属，人数更加庞大。要解决这么多人的吃饭问题，只有通过大规模屯田。

专家介绍，新疆距内地很远，要从内地把粮食经新疆运到中亚前线，是不可能的事情。这就必须在离前线较近的地方，找一个合适的地区进行农业种植，生产粮食。所以，屯田就成为历代中央政府经营西域的一个基本政策，也是最成功的一个政策。

今天，库车向西数十千米的新和县，也是龟兹古国的地域。这里有一座名叫通古孜巴什的唐朝古城遗址。1928年，黄文弼考察了这座古城，发现一些珍贵的文书残片，上面记载的内容让人兴奋不已。一份文书记载了一个名叫白苏毕梨的人领取屯米的事情，另一份文书则记载了一个名叫李明达的人，在大历十五年4月12日，向同伴蔡明义借青麦一石七升、小米一石六升。据此，黄文弼得出一个结论：通古孜巴什是唐朝安西都护府屯田驻军的中心据点。

专家介绍，包括这个据点周围的8个唐城，唐军屯田20屯，每屯约3.33平方千米，大概总共66.67平方千米。这个古城遗址的生活痕迹比比皆是，从地上的陶片到炭粒，还有大约1.5米深的马粪坑，证明当时这里饲养的军马非常多。

位于库车东南方向的唐王城遗址，坐落在一片盐碱地之中，这里是当年唐军养马的地方，今天仍然能够清楚地看到城墙下被烧毁的马棚遗迹。

在唐朝的西域，无论是作战还是平时的运输，都离不开大量的马匹。唐人十分重视马匹的饲养和管理，为此建立了一套完整的管理机构。

一份出土于吐鲁番阿斯塔那唐朝墓地的马料账本文书十分珍贵，有趣的是，人们在上面发现了著名的唐朝边塞诗人岑参的行迹。在历史上，岑参曾2次任职于安西地区，在这里度过了十几年的岁月。

农业生产离不开兴修水利。有一份出土于库车的唐朝文书，它的递交机构叫作“掏拓所”。掏拓所就是当时的一个水利管理部门。从这里可看出当时唐朝在龟兹地区兴修水利的状况。

▲ 这份与岑参有关的马料账及岑参的代表作《轮台歌奉送封大夫出师西征》，生动地反映了当时屯田戍边的情景

今天的库车境内，昔日的良田已经变为荒漠，一些唐朝沟渠的遗迹却仍然被屡屡发现。

三、石窟壁画记沧桑

至今人们在古籍中没有发现当时龟兹地区的详细记录，那么，在实地能否找到一丝当时的遗迹呢？

在当年黄文弼手绘的考察地图上，清晰地画出了他在渭干河下游大望库木地区进行考察的路线。当年黄文弼在这一带发现了十几处烽燧、城堡和屯田遗址，到处散落着汉朝的瓦砾、五铢钱和龟兹铜钱。从这些遗址的规模和分布来看，这里在汉朝应该是一个规模很大的军事和民居中心。黄文弼还在离此不远的玉奇喀特古城，发现了西汉最后一位西域都护李崇的私人印章。

这些发现，使得汉朝龟兹地区的社会和生活面貌第一次清晰地呈现在中国考古学者的眼前。激动的黄文弼在日记里这样记载："回首远眺白泥滩上，

▲ 李崇私章

高阜起伏，若隐若现，犹想见古时屯苏刁斗之声，白屋历历，鸡鸣犬吠，如闻彷佛。”

1928年11月，黄文弼来到了克孜尔尕哈石窟，他在这里发现了2件古代文书残片，其中一件文书上写有行军押官杨思礼的字样。据此，可以确定这是唐朝军队所留下的遗物。黄文弼还在克孜尔尕哈第93窟的墙壁上，发现了刻有打仗内容的痕迹，上面刻有冲锋的骑兵和随风招展的军旗；在一些僧房窟内，黄文弼还发现了古代游客留下的题记，说明这里早已荒废。

种种迹象表明，规模宏大的克孜尔尕哈石窟在经历了数百年的兴盛繁华后，在8世纪初期却突然衰落荒废了。当时的克孜尔尕哈到底发生了什么呢？

吐蕃人是今天藏族的祖先，一幅唐朝画家阎立本创作的《步辇图》，描绘的就是吐蕃的使臣觐见唐太宗时的情景，反映了当时双方之间的友好情谊。但是，唐朝和吐蕃之间也曾经爆发过连年争战，从650年开始，在唐军和吐蕃军反复争夺中，龟兹曾经几易其手。

670年，吐蕃第二次攻击龟兹，处在龟兹城外交通要道的克孜尔尕哈石窟首当其冲。面对步步逼近的战火，也许就在某一天，僧人们在慌乱间匆匆出逃，永远离开了他们世代修行的石窟。

克孜尔尕哈衰败的序幕就此拉开。

种种迹象表明，7—8世纪，曾有大量的汉族大乘佛教徒在库木吐拉活动，他们又是从何而来的呢？

库木吐拉石窟是龟兹境内规模仅次于克孜尔尕哈的石窟群，它位于库车县西南30千米处，现有编号洞窟101个。

1928年，黄文弼在库木吐拉先后发现了30多个汉族僧人的名字。

在库木吐拉第15号窟内，保留着一尊飞天形象。飞天的衣服线条流畅，舒展自如，可以和敦煌莫高窟唐朝壁画中最精彩的飞天相媲美。

位于库车河右岸的克孜利亚山谷，1999年又新发现了一处石窟——阿艾石窟。进入洞窟，石窟两侧的立佛和菩萨之间，留有清晰的汉文题记，上面

▲ 带有明显中原绘画风格的飞天，无疑出自汉族画家之手

▲ 汉族供养人

写着当年捐钱修建石窟的众多供养人的姓名。从名字判断，他们有男有女，有的是汉族人，有的是龟兹当地居民。石窟的墙壁上还刻有某年五月十五日的字样。据此，学者们推论，这座石窟的修建人应该是当时唐朝安西大都护府地区的下层百姓。

显而易见，生活在龟兹地区的唐朝军民从中原带来了大乘佛教。从这一时期开始，带有中原风格的大乘佛教石窟在龟兹广泛开凿。

在这种情况下，以小乘佛教为主的克孜尔尕哈石窟最终走向了衰落。

755 年，安史之乱爆发。唐朝政府紧急从安西都护府抽调大量军队增援。龟兹国王的长子白孝德也率领军队加入唐军，在平定安史之乱的战争中建功立业，封官拜爵。

但这一举措使得以龟兹为中心的安西都护府的军事实力大幅下降，吐蕃军队又乘机开始军事行动。当时坐镇安西的是唐朝名将郭子仪的侄子郭昕，在他的带领下，孤立无援的安西唐军独立支撑了几十年。

史料最后一次对安西的记载是 790 年，也就是唐贞元六年。但黄文弼在克孜尔尕哈石窟的考察中，却在谷后区的一处石窟内发现了写有贞元十年字样的唐人题记。

这也许说明，当时的龟兹地区仍然控制在残余唐军的手中。

▲ 新供养人的出现，说明这里已经改朝换代

那么，他们的命运究竟又会怎样呢？

库木吐拉第79窟坐落在陡峭的山崖上。石窟的壁画有一组少数民族供养人的画像，他们穿着少数民族衣装，但他们既不像龟兹当地人，也不像是汉族人。画像旁边分别用少数民族文字和汉文字写着供养人的名字，其中一位女供养人旁写着“新妇吉里公主”。

显然，这些供养人来自另一个古代民族——回纥。

专家介绍，回纥是新疆维吾尔族人的祖先，他们原来生活在蒙古草原的色楞格河一带。后来建立了回纥王朝。回纥王朝曾帮助唐朝平定“安史之乱”。840年，回纥的首都被柯尔克孜人攻破，他们被迫西迁。其中一支迁移到了高昌，建立高昌回纥王国；一支迁移到了中亚，还有一支迁移到了龟兹。迁移到龟兹的这一支，成为这里新的统治者。

随着时间的流逝，曾经生活在龟兹的人们放弃了各自的语言和生活习俗，在历史的长河中，相互融合，形成了新的民族——维吾尔族。到了13世纪左右，伊斯兰教进入龟兹地区，成为人们新的宗教信仰。

今天，克孜尔尕哈石窟已成为新疆著名的旅游胜地。

古老的石窟中，佛相依然庄严，千年的辉煌还存留在石窟的寂静之中，各种古老和年轻的文明依然在库车沉积和交汇，孕育着这片土地的明天。